초등 아이,
어떻게 잡아줘야
할까?

공부, 자존감, 사회성을 키우는
기적의 루틴 8가지 활용법

초등 아이, 어떻게 잡아줘야 할까?

조현아 지음

빌리버튼 billybutton

엄마는 지치지 않고
아이는 뿌듯함을 느끼는 루틴의 힘

초등학생 아이 키우기 쉽지 않으시지요? 다른 집은 매끼 균형 잡힌 식단에 엄마표 영어에 수학까지 한다는데, 우리 아이는 아침에 깨워서 학교를 보내는 것부터 쉽지 않습니다. 아이가 학교에서 수업은 잘 듣고 있는지 친구들과 잘 지내고 있는지 궁금한데, 24시간 붙어있을 수 없으니 알 방법이 없습니다. 저는 선생님이 되었을 때 아이들이 학교에 오는 것, 친구들과 친하게 지내는 것은 당연하다고 생각했습니다. 하지만 이 모든 것이 당연하지 않다는 것을 엄마가 되고 나서 알았습니다. 엄마가 되어보니 아이를 아침에 깨워 학교에 보내는 것부터가 전쟁이더군요.

아이의 생활을 바꿔보겠다고 새벽부터 깨워서 잠이 덜 깬 아이에게 이것저것 시켜봤다가 아이가 거부해서 포기하기도 하고, 공부시켜보겠다고 문제집 사서 풀다가 결국엔 다 풀지도 못하고 구석에 쌓아두기도 했습니다. 제가 부족하고 몰라서 아이를 잘 챙겨주지 못하나 싶어 엄마로서 꽝인가보다 실망하고 자책하며 제 탓도 많이 했습니다.

학교에서 만나는 아이들 중에는 공부를 어려워하는 아이도 있고, 틀려도 부끄러워하지 않고 질문하는 아이도 있고, 제가 시키지 않아도 스스로 알아서 하는 아이도 있습니다. 저는 다양한 아이들을 관찰하면서, 스스로 잘하는 아이들의 공통점을 발견했습니다. 아이가 자신만의 루틴을 가지고 꾸준히 지킨다는 것이었습니다. 자신이 세운 루틴을 중요하게 생각하며 하루도 빠짐없이 몰입하는 모습을 보았지요. '아, 이거구나.' 하는 생각이 들었습니다.

저는 제가 발견한 잘하는 아이들의 공통점을 학교와 집에서 적용하고 실천하려고 노력하고 있습니다. 아이들은 하루 아침에 달라지지 않지만, 아이들 스스로 루틴을 정하고 지키도록 하자 조금씩 변해가는 모습을 보여주었습니다. 그래서 제가 담임을 맡고 있는 아이들뿐만 아니라 모든 아이들이 꾸준히 행동하기만 하면 시련이나 변화를 만나도 자기주도적인 일상을 만들어갈 수 있을 것이라는 생각을 하게 되었습니다.

이 책에 담긴 모든 루틴은 학교와 집에서 아이들이 직접 하고 있는 것을 정리했습니다. 집에서도 쉽게 따라 할 수 있고 '이거 해라 저거 해라' 하지 않아도 엄마와 아이에게 직접적인 도움이 되는 구체적인 방법들을 담았습니다.

루틴은 근육과 같습니다. 갑자기 격한 운동을 하면 탈이 나는 것처럼 루틴도 마찬가지입니다. 욕심을 내 한꺼번에 모든 루틴을 시작하면 오히려 아이가 반발할 수 있습니다. 지금부터 아이의 행동을 조금씩 변화시켜 매일 꾸준히 할 수 있게 만드는 것이 더 중요합니다. 차근차근 하나씩 도전하면서 아이가 몸으로 익혀서 루틴을 지킬 수 있도록 근육을 만들어주세요. 한 번 만들어진 루틴 근육은 쉽게 사라지지 않습니다. 아침부터 잔소리와 한숨으로 시작하던 하루가 5분의 작은 실천으로, 웃음과 격려가 가득한 날로 변하는 기적이 시작됩니다. 지금 작은 성공의 경험은 아이가 살아가는데 큰 자양분이 되어줄 것입니다. 아이와 만들어갈 행복하고 의미 있는 하루를 응원합니다.

— 조현아

• 차례 •

프롤로그 엄마는 지치지 않고 아이는 뿌듯함을 느끼는 루틴의 힘 　　　　　: 4

1부
우리 아이에게 제일 필요한 것

1장 • 오늘도 아이의 시간을 버릴 뻔했다

1 우리 아이의 24시 살펴보기 　　　　　　　　　　　　　　　　　: 16
2 발등에 불 떨어진 아이와 덩달아 마음 바쁜 엄마 　　　　　　　　　: 20
3 잘하는 아이들은 무엇이 다른 걸까 　　　　　　　　　　　　　　: 23
4 흐트러진 우리 아이 생활 리셋하기 　　　　　　　　　　　　　　: 29

2장 • 아이의 하루를 생산적으로 만드는 루틴의 힘

1 스스로 하는 아이의 비밀, 자기조절력 　　　　　　　　　　　　　: 34
2 자기조절력을 기르는 방법 　　　　　　　　　　　　　　　.　: 38
3 작은 행동이 쌓여 불러오는 결과 　　　　　　　　　　　　　　　: 45
4 우리 아이의 새는 시간 공략하기 　　　　　　　　　　　　　　　: 49

2부
공부, 자존감, 사회성을 키우는 8가지 루틴 활용법

1장 • 꿈을 향해 달려가는 계획 세우기

1 꿈은 눈에 보이는 곳에 : 56
2 우리 아이의 핫스팟 찾는 법 : 62
3 목표를 이루는 루틴 솔루션 : 66

2장 • 아이의 불안한 마음을 단단하게 만드는 마음 루틴

1 걱정과 불안에 둘러싸인 초등 아이 : 74
2 마음에 빨간불이 켜지면 잠시 멈춤 : 80
3 아이의 마음을 다독이고 초록불을 켜는 법 : 86

3장 • 흐트러진 일상을 세우는 운동 루틴

1 운동화 신은 뇌는 다르다 : 94
2 루틴은 근육이다 : 98
3 다양한 줄넘기 방법으로 아이의 흥미 더하기 : 102

4장 • 아이의 바쁜 아침을 도와주는 아침 루틴

1 성공적인 하루를 여는 문 : 108
2 최상의 컨디션을 만드는 방법 : 115

5장 • 하루를 잘 마무리하게 도와주는 저녁 루틴

1 아이의 세 가지 저녁 활동 : 126
2 하루를 돌아보고 정리하는 힘 : 130

6장 • 스스로 책 읽는 아이를 만드는 독서 루틴

1 아이와 교감하고 독서 습관을 길러주는 베갯머리 독서 : 138
2 베갯머리 독서, 어떻게 해야 할까? : 143
3 공부의 종잣돈이 되는 독서 : 147
4 키워드만 잘 뽑아도 반은 성공하는 키워드 독서법 : 154
5 독서 근육을 키우는 방법 : 160

7장 • 메타인지를 키우는 공부 루틴

1 기억이 떠나가기 전 5분을 잡아라 : 166
2 한 문장으로 키우는 메타인지 : 170
3 초등학생을 위한 효율적이고 똑똑한 공부법 : 175

8장 • 바쁜 아이의 효율적인 시간관리를 위한 기록 루틴

1 '하기 싫어'를 '해볼래'로 바꾸는 기적 : 182
2 줄줄 새는 시간을 잡아라 : 187
3 시간이 금이 되는 3단계 솔루션 : 192

9장 • 하루 5분, 틈새루틴이 이기는 습관이 된다

1 실패한다면 더 작게 : 200
2 칭찬 에너지 한 스푼으로 의욕 높이기 : 207
3 아이만의 스토리가 되는 인증샷 : 212
4 최고의 자극제는 부모의 관심 : 216

부록) 우리 아이의 하루를 바꾸는 틈새루틴 템플릿 : 219

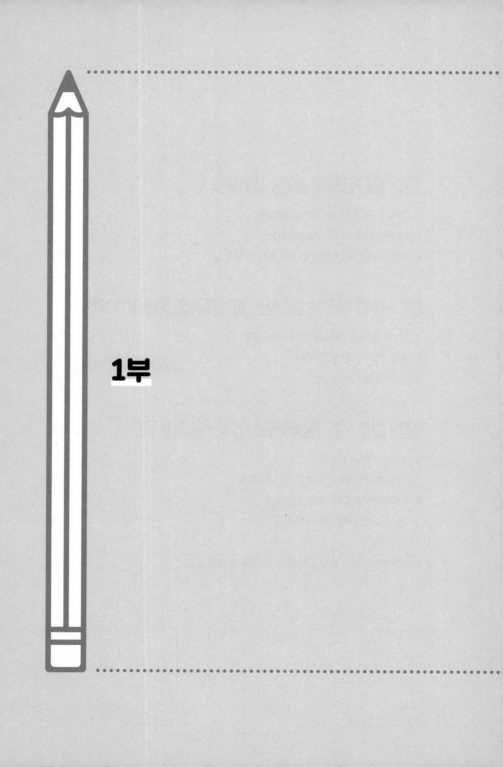

1부

우리 아이에게
제일 필요한 것

· 1장 ·

오늘도
아이의 시간을
버릴 뻔했다

우리 아이의 24시 살펴보기

오늘도 아이는 알람이 울려도 듣지 못하고 엄마의 도움으로 겨우 일어납니다. 눈도 뜨지 못한 채로 대충 씻고, 아침은 몇 숟갈 뜨지도 못하고 급하게 집을 나섭니다. 학교에서는 시간표에 맞춰 정신없이 보냅니다. 우리 아이의 하루는 여기서 끝이 아닙니다. 후에는 숨 돌릴 틈도 없이 학원으로 발길을 재촉합니다. 학원을 마치고 녹초가 되어 돌아 와서는 과제를 합니다. 초등학생의 하루는 매우 바쁩니다. 그런데 우리 아이의 하루, 이대로 괜찮은 걸까요?

아이의 시간을 방해하는 것들

요즘 교실에는 특별한 이유 없이 수업에 집중하지 못하거나 뚜렷한 목표가 없어 시키는 것만 하려는 아이들이 증가하고 있습니다. 모든 것이 궁금하고 새로운 것에 도전하고 싶어 하는 시기인데도 학습된 무기력으로 관심과 흥미를 잃은 것입니다. 특히 학습에 대한 부담감을 가지고 있고, 노력했지만 실패한 경험을 가진 아이들은 스스로 노력해서 무엇인가를 성취해보겠다는 의지가 꺾여 있습니다.

초등학생들은 보통 하루에 2~3개의 학원을 다닙니다. 그중에서도 영어학원은 대부분의 아이들이 다니지요. 영어학원에서 어려운 단어를 외우고, 긴 문장을 읽는 연습을 하지만 학교 영어 수업 시간에는 자신감이 없고 원어민 선생님이 건네는 말에 한마디도 하지 못하는 걸 보면 안타깝습니다. 아이들은 학교에서도 학원에서 내주는 과제를 하느라 정신이 없습니다. 열심히 수업 듣고 과제를 하는 우리 아이들의 진짜 실력은 높아지고 있는 걸까요?

아이가 초등학교에 들어가면 스마트폰을 사달라는 아이와 최대한 늦게 사주고 싶은 부모님과의 줄다리기가 시작됩니다. 우리 반에서 나만 빼고 다 있다는 아이의 하소연에 부모는 결국 지고 스마트폰을 사줍니다. 게다가 최근 코로나19로 온라인 수업을 듣기 위해 아이들이 스마트폰을 보유하는 시기가 앞당겨졌습니다. 한국청소년정책연구원의 연구에 따르면 초등학생의 88%가 스마트폰을 보유하고 있으며 22%의 학생들의 하루 평균 스마트폰 이용 시간이 4시간 이상이라고 합니다. 아이들은 스마트폰으로 친구와 메신저, 유튜브 시청, SNS, 게임 등으로 많은 시간으로 보냅니다.

아이들의 하루를 자세히 살펴볼 필요가 있습니다. 통계청 조사에 따르면 초등학생의 하루 24시간 중 8시간은 수면, 6시간은 학교생활, 4시간은 스마트폰 이용, 3시간은 학원수업으로 보낸다고 합니다. '24-8-6-4-3=4' 남는 4시간을 쪼개어 학원 숙제도 하고, 책도 읽어야 하고, 취미 생활도 해야 합니다. 하루를 바쁘게 보내면서도 시간 관리는 비효율적입니다.

학년이 올라갈수록 공부할 과목과 내용은 늘어나고 할 일도 많아져 시간에 더 쫓기게 됩니다. 산더미같이 쌓여 있는 일들이 스트레스가 되어 아이를 짓누릅니다. 그 스트레스가 아이의 사춘기와 만나게 된다면 정서적으로 더 큰 문제가 되기도 합니다.

해야 할 일은 하면서 쉴 때는 쉬고, 놀 때는 노는 아이가 되었으면

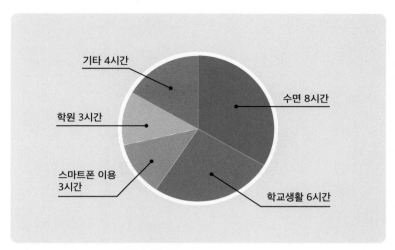

통계청에서 조사한 초등학생의 하루 활동 별 평균 시간

하는 바람은 모든 부모의 마음일 것입니다. 우리 아이가 의미 없이 흘려보내는 시간을 줄이고 하루를 알차게 보내도록 도와주고 싶은 마음은 부모의 욕심일까요? 어떻게 하면 부모가 옆에서 잔소리를 하지 않아도 아이가 스스로 효율적이고 행복한 하루를 만들 수 있을까요?

발등에 불 떨어진 아이와
덩달아 마음 바쁜 엄마

코로나19로 인해 학교에 직접 등교하기 어려워진 우리 아이들은 온라인 등교 개학을 하게 되었습니다. 그전까지만 해도 초등학생이 온라인으로 강의를 듣는 건 어렵고, 직접 보고 만져보는 경험이 더 중요하다고 생각해왔습니다.

교사도 처음이고, 아이도 처음인 학교의 온라인 수업은 혼돈 그 자체였습니다. 갑작스러운 온라인 수업 전환으로 수업을 듣는 데 필요한 IT 기기가 마련되어 있지 않은 경우도 많았습니다. 4~5만 원 선이던 웹캠의 가격이 40~50만 원까지 치솟았고, 아이들의 온라인 학습을 위한 컴퓨터 판매량이 사상 최고치가 되었습니다. 이런 환경은 자연스레 아이들의 인터넷 이용시간을 증가하게 했습니다. 수업을 듣기 위해 컴퓨터를 켜지만 어느샌가 게임을 하거나 정신없이 유튜브 영상을 보았지요. 자제력을 잃은 아이들의 인터넷 사용은 학습에 지장을 줄 뿐만 아니라 신체 건강이나 정서적으로도 나쁜 영향을 주었습니다.

비대면 수업의 부정적 영향

코로나19 후의 학교 모습은 예전과 많이 달라졌습니다. 상호작용은 커녕 친구들과 대화조차 자유롭게 나눌 수 없고, 늦게 자고 늦게 일어난 탓에 생활 리듬이 흐트러져 학교에 오면 졸고 피곤해합니다. 등교 수업과 온라인 수업을 병행되었어도 문제는 해결되지 않았습니다. 전날 늦게까지 게임을 하느라 아침에 일찍 일어나지 못해 등교하지 못하는 아이, 수업시간에 엎드려 자는 아이도 있었습니다. 교직경력 15년 동안 수업시간에 엎드려 자는 아이를 처음 보기도 했습니다.

또한 실외활동을 할 수 없으니 살이 쪘다는 고민을 털어놓는 아이들도 많았습니다. "3kg이나 쪘어요."라며 사뭇 달라진 모습으로 만나게 된 아이들도 있습니다. 집에 널려있는 간식을 자유롭게 먹은

데다 바깥으로 나가지 않아 운동량은 줄어들고, 살이 찌자 더 움직이기 싫어지는 악순환이 반복되었지요. 이런 생활습관은 건강에 부정적인 영향을 줍니다. 이 상황을 해결하기 위해서는 아이 스스로 운동을 하거나 간식을 줄이는 등의 노력을 해야 하는데 어른인 우리도 쉽지 않은 일이니까요.

또 집에 갇히듯 나가지 못하고 있으니 스트레스가 쌓일 수밖에 없습니다. 스트레스를 해소하는 방법을 알지 못하고 있다손 치더라도 스스로 스트레스를 해소할 수 없어 아이들은 짜증과 무기력으로 하루를 보내고 있습니다.

집에 있는 아이에게 필요한 것

집에 있는 시간이 많아지니 집에서의 학습과 생활이 중요해졌습니다. 전에는 학교생활이 아이의 일과 중 많은 부분을 차지하였는데 이제는 집에서 하는 공부, 집에서 보내는 여가, 집에서의 상호작용이 훨씬 많은 비중을 차지합니다. 그러므로 가정에서 아이들이 할 수 있는 것들을 하도록 도와주어야 합니다. 아이들이 스스로 학습하는 시간을 계획하고, 남는 시간에 취미 생활을 하고, 틈틈이 운동도 하도록 말입니다.

잘하는 아이들은 무엇이 다른 걸까

학교에서 아이들을 가르치면서 가끔씩 크게 놀랍니다. 초등학생이 어떻게 이럴 수 있을까 할 정도의 행동을 하는 아이들이 있습니다. 저는 아이가 특별한 행동을 할 때가 아니라 사소한 것을 꾸준하게 할 때 오히려 큰 감동과 놀라움을 느낍니다.

아침에 등교하면 꼭 제 자리로 와서 눈을 보며 인사하는 성중이라는 친구가 있었습니다. 붙임성이 좋거나 재잘재잘 이야기를 하는 아이가 아니어서 처음에는 어색했지만 언젠가부터 그 아이의 인사를 기다리는 저를 발견했습니다. 15년 동안 수많은 아이들을 만났지만 매일 그렇게 꾸준히 인사를 실천하는 아이는 단 한 명뿐이었습니다. 성중이는 친구들에게도 다르지 않았습니다. 친구들에게 항상 고운 말을 쓰고, 어려움을 겪는 친구에게 먼저 다가가 도움을 주어 친구들 사이에서도 인정을 받았습니다. 반장선거 하는 날, 집에 일이 있어 참석하지 못한 성중이를 반 아이들이 후보로 추천하여 전화로 출마선언을 하고 부반장에 당선된 일도 있었지요.

진솔이는 쉬는 시간에도 자리에 앉아 수학 문제를 풀곤 했습니다. 고등학생들이 공부하는 〈수학의 정석〉을 말입니다. 이것이 선행학습의 폐해인가 싶어 아이와 상담을 진행했습니다. 학업 스트레스가 많을까 봐 걱정했는데 놀랍게도 진솔이는 수학이 정말 재미있어서 공부를 하고 있었습니다. 누가 강제로 시켜서 하는 것이 아니라 게임 레벨을 깨듯 취미로 수학 문제를 풀었습니다. 그래서 수학 공부에 대한 스트레스도 느끼지 않았지요.

반장을 도맡아 하던 대한이는 같은 반 친구들이 선생님인 저보다 이 친구를 더 믿고 따랐습니다. 대한이는 공부를 잘하지도 운동을 뛰어나게 잘하지도 않았습니다. 그래서 혹시나 남자아이들 사이에 서열이 나눠진건가 하는 걱정도 했습니다. 하지만 일주일도 지나지 않아 친구들이 그 아이를 신뢰하는 이유를 알게 되었습니다. 대한이는 무슨 일을 하든 자신감과 책임감을 가지고 끝까지 해내는 모습을 보여주고 남들이 기피하는 일을 앞장서서 하곤 했습니다. 단체줄넘기를 할 땐 줄넘기 안에서 뛰는 선수가 아닌 줄넘기를 돌려주고 아이들의 용기를 북돋아 주는 역할을 1년 동안 묵묵히 하기도 했지요. 이렇게 잘하는 아이들은 어떤 공통점이 있을까요?

잘하는 아이들의 네 가지 공통점

공부도 잘하고 친구관계도 원만한 아이들은 일상을 대하는 사소한 태도에서 차이가 납니다. 특별한 것이 아니라 사소한 것이 아이들의 미래를 바꿀 수 있습니다.

• 높은 자존감

사소하지만 아이들과 다른 행동들은 교실에서 튀기 마련입니다. 이런 튀는 행동은 샘이 많거나 짓궂은 친구들에게 '이상하다', '선생님한테 자기만 이쁨받으려고 한다.' 등의 놀림을 받거나 비난의 대상이 되기도 합니다. 하지만 자존감이 높은 아이들은 자신이 행동이 틀렸다고 생각하지 않기 때문에 이런 놀림이나 비난에 크게 흔들리지 않습니다. 처음에는 놀리고 비난했던 친구들도 꾸준하게 하는 모습을 보고 그 친구의 행동을 인정하기 시작합니다. 자존감은 스스로를 믿고 어떤 일이든 실행하게 하는 원동력이 됩니다.

• 자기주도성

아이들에게 평소에 사소한 행동이 얼마나 중요한지 이야기하곤 했습니다. 앞서 말한 성중이와 진솔이, 대한이의 이야기를 들려주며 행동이 변화했으면 하고 바랐지만 아이들은 쉽게 바뀌지 않았습니다. 머리로는 알지만 실천이 되지 않는 것이죠. 매일 인사를 하거나 자발적으로 어려운 수학 문제를 푸는 아이는 누군가 시켜서 하는 것이 아니었습니다. 학부모 상담에서 "성중이가 학교에서 인사를 잘하고 있나요?", " 진솔이가 쉬는 시간에 문제집을 푸나요?" 등의 질문을 받아본 적이 없습니다. 아이 스스로 하는 행동이기 때문입니다. 어떤 상황에서든 스스로 판단하고 행동하면 숨겨진 잠재력을 끌어낼 수 있습니다.

• 구체적인 목표

"너희의 꿈은 뭐니?" 저는 학기 초 아이들과 만나면 꼭 꿈을 물어봅니다. 이 질문을 통해 아이의 관심사와 행동을 이해할 수 있습니다. 성악가가 꿈인 친구는 음악 시간에 눈을 반짝이며 노래 부르는 활동을 기다리고 동요대회에 관심을 보입니다. 메이크업 아티스트를 꿈꾸는 친구는 그림 그리기나 꾸미기를 좋아하고 다른 친구들보다 감각적인 경우가 많습니다. 운동선수가 꿈인 친구는 운동능력이 뛰어나거나 운동을 했을 때의 성취감을 좋아합니다.

꿈은 아이들의 전반적인 성향을 담고 있습니다. 꿈이 없다고 말하는 아이들은 자기 자신을 아직 잘 모르고 있는 경우가 많지요. 자신이 무엇에 관심이 있는지 무엇을 잘하는지에 대해 깊이 고민해본 경험이 없기 때문입니다. 아이들의 꿈은 수시로 바뀌지만 꿈을 찾는 것만으로도 자신에 대해 알아가는 경험을 할 수 있습니다. 이 과정을 통해 자신의 강점과 부족한 점을 깨닫고 세부적인 목표를 세워 나가기도 합니다.

• 긍정적인 생각

아이들은 친구들과의 관계, 부모님과의 관계, 선생님과의 관계 등 하루에도 정말 많은 관계를 맺습니다. 매일 다양한 상황에 노출되는데 부정적인 시각으로 본다면 모든 상황이 스트레스가 되고, 장애물이 됩니다. 부정적인 생각을 가진 아이는 친구의 실수로 다치면 "친구가 나를 일부러 다치게 했어요."라는 반응을 보이고, 시험 성적이 낮으면 "공부가 싫어요."라고 반응합니다. 또 부정적인 생각을 하는 아이들은 두려움이 많아 경험해 보지 못한 상황에서 실수를 자기 잘못이라고 느낍니다.

하지만 긍정적인 아이들은 누구나 실수할 수 있고 처음에 못하는 것은 당연하다고 인정하여 그 실수를 만회하고 발전시킬 수 있는 힘을 가지고 있습니다. 처음 해보는 놀이에서 경험이 많은 친구에게

졌다고 '내가 못하니까 이 게임은 안 할래.'라고 포기하는 대신 '처음 하니까 질 수 있어. 열심히 연습하면 이길 수 있을 거야.'라고 생각하며 꾸준한 노력으로 결국에는 친구들을 뛰어넘는 모습을 보입니다. 어느 영역에서나 앞선 친구들은 항상 있습니다. 그럴 때마다 못하니까 그만두는 것이 아니라 연습하면 잘 할 수 있을 것이라는 긍정적인 사고가 중요합니다. 긍정적으로 생각하는 아이들은 도전을 두려워하지 않고 경험을 통해 자신을 발전시켜 나갑니다.

흐트러진 우리 아이 생활 리셋하기

부모는 아이에게 높은 자존감과 자기주도성, 구체적인 목표, 긍정적인 생각을 키워주고 싶어 합니다. 하지만 아이의 시간과 에너지는 한정되어 있어서 모든 걸 다 가질 순 없습니다. 공부도 잘하고, 운동도 잘하고, 인성도 훌륭하고, 성실한 아이를 기대한다는 것을 알면 우리 아이의 기분은 어떨까요?

엄마와 아이에게 필요한 것

아이의 생활에서 더해야 할 것과 빼야 할 것은 부모와 아이가 함께 정리해보아야 합니다. 부모가 중요하게 생각하는 것과 아이가 하고 싶은 것이 일치한다면 정리가 쉽게 되겠지요. 하지만 대부분 일치하지 않습니다. 그래서 대화를 나누며 우리 아이의 생활이 부모가 중요하게 생각하는 것에 맞춰져 있는지, 아이가 하고 싶은 것에 맞춰져 있는지 파악하는 것이 중요합니다.

아이의 하루를 아주 작게 나누어 평소에 무엇을 하며 보내는지 구체적으로 적어봅니다. 수면 시간, 학교에서 보내는 시간, 공부하는 시간(영어, 수학 등 구체적으로), 학원에서 보내는 시간, 운동하는 시간, 쉬는 시간, 게임 하는 시간, 식사시간, 책 읽는 시간 등을 시간대별로 세세하게 나눌수록 더 좋습니다. 이때 짐작으로 적는 것이 아니라 실제로 공부하고, 책 읽고, 게임 하는 시간을 체크하는 것이 중요합니다. 자신의 하루를 구체적으로 적어보면서 아이 스스로 어떻게 하루를 보내고 있는지 느끼는 것이 중요합니다. 또 부모가 아이의 하루가 어떻게 흘러가는지 살펴보는 시간을 통해 아이는 자신이 관심받고 있다고 느낄 수 있습니다.

아이의 하루를 빈 종이에 기록할 수도 있지만 '타임트래커(할 일 기록표)'를 활용하면 더 좋습니다. 타임트래커를 활용하면 흩어져 있어 눈에 보이지 않던 허비되는 시간들을 한눈에 볼 수 있습니다. 집에서 옷장, 신발장에 놓아두는 물먹는 하마는 처음에는 비어 있지만 어느새 주변에 있던 물이 모여 가득 찹니다. 아이들의 하루에도 시간을 잡아먹는 하마들이 숨겨져 있습니다. 불필요한 일에 얼마나 많은 시간을 보내고 있는지 파악하여 시간을 조금 더 효율적으로 보낼 수 있는 전략이 필요합니다.

하루 종일 바쁘게 사는 아이가 시간에 쫓기지 않고 관리하며 살 수 있도록 무엇을 해주어야 할까요? 효율적인 시간관리를 위해서는 루틴을 잡아주는 것이 중요합니다. 루틴을 만드는 일은 지금 나에게 가장 중요한 일을 우선순위로 두고 매일 그 일에 몰입할 수 있는 환경을 만드는 데 도움을 줍니다. 우리 아이에게 필요한 루틴이 무엇인지 알아보겠습니다.

☑ 타임트래커란?

하루동안 한 일을 적는 기록을 말합니다. 매시간 어떤 일을 했는지 구체적으로 기록하여 나 의 한 일을 점검하면서 낭비하는 시간을 체크하고 잘한 점과 개선할 점을 피드백합니다.

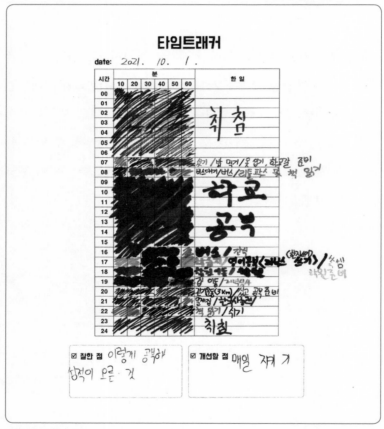

타임트래커 예시

· 2장 ·

아이의 하루를
생산적으로 만드는
루틴의 힘

스스로 하는 아이의 비밀, 자기조절력

우리 아이가 학교에서 친구들과 잘 지내고 공부도 잘하기를 바라는 부모의 마음은 똑같습니다. 하지만 하루가 멀다 하고 친구와 다투고 학교에 가기 싫다고 떼쓰거나 숙제를 미루다 급하게 대충하는 모습을 보면 속이 상합니다. 부모의 손길이 닿지 않는 곳에서도 잘하는 아이는 어떻게 다를까요?

자기조절력의 힘

아이가 학교에 잘 적응하는 것은 초등학교 시절 중요한 문제입니다.

학업성취, 친구와의 관계, 생활 태도, 인성 등이 학교생활과 모두 연결되어 있기 때문입니다. 학교에 잘 적응하기 위해서는 자신의 행동과 사고 및 감정을 조절하는 자기조절력이 있어야 합니다. 학교는 다 함께 생활하는 공간이기에 하고 싶은 대로 행동할 수만은 없습니다. 다른 사람을 배려하고, 화가 나더라도 참을 수 있어야 하며 원하지 않더라도 인내하면서 끝까지 해내는 연습도 필요합니다.

자기조절력이 높은 아이들은 성공적인 학교생활을 합니다. 시골 작은 학교에 다문화 가정에서 자라는 한 아이가 있습니다. 사교육은 받아본 적이 없고 베트남에서 와 한국말이 서툰 어머니와 함께 살고 있지요. 이 아이는 아침마다 등교하는 버스 안에서 오늘 자신이 해야 할 일을 정리하고 다이어리에 적어 그 목표를 이루기 위해 열심히 노력합니다. 친구들과도 갈등없이 잘 지냅니다. 체육 시간에 팀을 이루어 경기를 하면 비록 팀이 이길 수 없을 것 같을 때도 자신의 자리에서 최선을 다합니다. 운동을 잘하지만 좋은 자리만 차지하려고 하거나 주력이 되려 하지 않는 이 아이는 선생님과 학생들에게 신망이 두텁습니다.

이 아이가 가진 최고의 재능은 자기조절력입니다. 다른 친구들처럼 게임하고 놀고 싶지만 목표를 위해서 참고 자신의 계획을 묵묵히 해냅니다. 다른 친구들을 이해하고 배려하기 때문에 화나게 하는 친구가 있더라도 긍정적으로 해결하여 바람직한 대인관계를 형성합니다. 그리고 책임감을 가지고 주어진 일을 끝까지 해내려고 합니다. 그 결과 친구들에게 신뢰받고, 성적은 항상 상위권이며, 체육과 미술 등 여러 영역에서 우수한 결과를 내고 있습니다. 자존감도 높아 항상 새로운 것에 도전하고 스스로 할 수 있다고 믿습니다.

아이가 커갈수록 더 다양한 상황에 맞닥뜨리게 되므로 자기조절력은 더 중요해집니다. 어렸을 때는 유치원 친구가 전부였는데, 학교 친구가 생기고 학원 친구가 생깁니다. 더 나아가서는 동아리 친구, SNS 친구 등으로 대인관계가 넓어집니다. 행동반경도 처음에는 집에서 학교, 학원, 동네 등으로 넓어지면서 다양한 활동을 하게 되는데 좋은 환경뿐만 아니라 나쁘거나 자극적인 환경에 노출되기도 합니다. 언제나 부모가 따라다니며 아이를 컨트롤 할 수 없기 때문에 아이 스스로 할 수 있도록 자기조절력을 키워주는 것이 중요합니다.

만약 아이가 공격적인 행동이나 과잉행동을 보인다면 학교에 적응하지 못하고 있다는 시그널입니다. 자기조절력이 부족한 아이는 때로는 문제아, 부진아, 무기력한 아이로 비춰지기도 합니다. 이런 아이들은 자신의 감정을 스스로 조절하지 못해 자그마한 일에도 친구들과의 갈등이 자주 일어나지요. 또 자신의 할 일을 끝까지 미루거나 기억하지 못하기도 합니다. 자신이 뭘 해야 할지 몰라 모든 일에 수동적이고 소극적으로 반응하기 때문에 자기주도성을 가지지 못합니다.

요즘 들어 아이들에게서 '공격성', '참을성 부족', '게임 중독', '대인관계 기피', '분노 조절 실패' 등의 문제가 종종 나타나는 것 같습니다. 이러한 문제행동들은 나이가 든다고 개선되지 않고 더 악화되어 사회적으로 부정적인 결과를 초래합니다. 초등학생은 학교에 잘 적응하고 자기조절력을 키워야 합니다. 자기조절력은 나이가 든다고 저절로 길러지는 능력이 아니라 학습이나 훈련이 필요한 영역이기 때문입니다. 그렇다면 자기조절력을 기르기 위해서는 무엇이 필요할까요?

자기조절력을 기르는 방법

"여기 마시멜로가 하나 있어. 바로 먹어도 돼. 하지만 선생님이
잠깐 나갔다가 들어올 때까지 기다려주면 하나를 더 줄게."

혼자 남은 아이는 고민에 빠집니다. 먹을까? 말까? 1960년대 미국
스탠포드 대학에서 실시했던 너무나 유명한 '마시멜로 실험'은 욕
구를 참고 기다렸던 아이들이 성인이 되어서도 더 큰 성공을 한다
는 결론을 내렸습니다. 그래서 많은 사람들이 자기통제력이 미래의
성공과 연결된다고 생각했습니다. 교육계에서도 아이들을 위해 참
을성과 자제력을 길러주려고 다양한 시도를 했습니다. 저도 제 아이

에게 좋아하는 초콜릿 하나를 주고 바로 먹지 않고 참으면 두 개를 받을 수 있다며 타이르기도 하고 혼내기도 하면서 인내심을 기르는 연습을 하기도 했습니다.

30년이 지나 마시멜로 실험이 다시 진행되었습니다. 처음의 실험과는 다르게 마시멜로를 눈앞에 보여준 아이들과 눈에 보이지 않게 한 아이들로 나누었습니다. 이 실험에서 마시멜로를 직접 눈으로 본 아이들은 참기 힘들어한 반면 눈에 보이지 않게 한 아이들은 더 오래 참는 결과를 보였습니다. 마시멜로를 보지 않은 아이들은 물리적 차단으로 인해 더 오래 참을 수 있을 수 있었습니다. 이 실험은 눈앞의 유혹을 이기려고 애쓰기보다 유혹을 보이지 않는 곳으로 치우는 것이 유혹을 참는 데 훨씬 효과적이라는 것을 말해줍니다.

경험과 환경의 중요성

눈앞에 보이지 않으면 생각이라도 덜 날 텐데, 보이는데 하지 않는 것은 더 힘듭니다. 눈앞에 있는 과자를 먹지 않고 참는 일도 힘들고, 리모콘을 손에 들고서 TV를 켜지 않는 것도 어렵습니다. 다이어트를 위해서는 간식이 주변에 없어야 하고, TV를 보며 시간을 낭비하지 않으려면 TV와 멀리 떨어져야 합니다. 유혹에 빠지지 않기 위

요인	최종 번호	문항	신뢰도
인지 조절	1	나는 목표를 달성하기 위해 구체적인 계획을 세운다.	.893
	2	나는 목표를 달성하기 위해 어떤 노력을 해야 하는지 알고 있다.	
	3	나는 목표를 달성하기 위해 스스로 규칙을 정한다.	
	4	나는 내일 할 일을 정해놓는다.	
	5	나는 그날 할 일을 열심히 했는지 생각해본다.	
	6	나는 목표 달성에 실패하면 무엇 때문에 실패했는지 생각해본다.	
	7	나는 상황에 따라서 처음에 세운 계획을 수정할 수 있다.	
	8	나는 계획에 따라 할 일을 잘하고 있는지 확인한다.	
	9	나는 내가 맡은 일에 책임감이 있다.	
	10	나는 시간을 정해놓고 일을 한다.	
정서 조절	11	나는 나의 기분을 빨리 알아차린다.	.822
	12	나는 다른 사람의 기분을 빨리 알아차린다.	
	13	나는 지금 나의 기분을 설명할 수 있다.	
	14	나는 하는 일에 어려움이 생겨도 잘 해결될 거라고 생각한다.	
	15	나는 긍정적인 생각을 해서 기분을 좋아지게 할 수 있다.	
	16	나는 친구와 싸우면 빨리 화해하려고 노력한다.	
	17	나는 불안한 마음을 금방 진정시킬 수 있다.	
행동 조절	(18)	내일 시험이 있어도 재미있는 일이 있으면 우선 그 일부터 한다.	.820
	(19)	나도 모르게 다른 사람에게 욕이나 행동을 할 때가 있다.	
	(20)	나는 일이 힘들고 복잡하면 금방 포기한다.	
	(21)	나는 하기 싫은 일이 있으면 제대로 하지 않는다.	
	(22)	나는 계획한 대로 행동하는 것이 어렵다.	
	(23)	나는 해야 할 일을 미룬다.	
동기 조절	24	나는 내가 이루고 싶은 목표를 계속 생각한다.	.866
	25	나는 내가 진심으로 하고 싶은 공부를 하고 있다.	
	26	나는 어떤 어려운 일도 다 해낼 수 있다.	
	27	어려운 일을 참고 해결하면 더 나은 사람이 될 수 있을 것이다.	
	28	나는 내가 목표한 바를 꼭 이룰 것이다.	
	29	공부하기 싫을 때 재밌게 하는 방법을 찾아본다.	
	30	하기 싫어도 나에게 도움이 되는 일이면 한다.	
	31	많은 노력이 필요해도 새로운 것을 배우고 싶다.	
계		31개 문항	.939

초등학생용 자기조절력 척도의 구인동등성 검증 및 잠재평균분석(최단비, 김경성, 2016)

해서는 유혹을 참는 것보다 유혹에 빠지지 않는 환경을 만드는 것이 효과적입니다.

자기조절력은 스스로 정한 목표를 위해 계획하고 조절하면서 적극적으로 참여하는 능력으로 타고나는 것보다 경험과 환경이 더 중요합니다. 어릴수록 주변 환경에 영향을 많이 받기 때문에 부모는 아이에게 좋은 환경을 제공하기 위해 많은 것을 신경씁니다. 친구, 아이 방 인테리어, 학원, 학군, 선생님까지 세심하게 주의를 기울여 고르지요. 아이를 둘러싸고 있는 외적인 환경이 중요하다는 것을 부모는 본능적으로 알고 있습니다.

자기조절력을 높이기 위해 외부 환경도 중요하지만 내적 요인 즉, 스스로를 컨트롤 하는 의지도 중요합니다. 아이들은 결과를 단기적으로 보는 경향이 있어 멀리 보고 꾸준히 지속해나가는 것이 쉽지 않습니다. 자기조절력을 길러주기 위해서는 매일 꾸준하게 실천해 몸에 익도록 하는 것이 좋습니다. 일어나면 당연히 양치하고, 배고프면 밥을 먹는 것처럼 자연스럽게 하게 해야 합니다. 행동이 자동으로 나올 만큼 익숙해지면 엄마의 감독이나 감시 없이도 아이 스스로 통제하고 조절하여 주도적으로 생활할 수 있습니다.

자기조절력은 어렸을 때부터 길러주면 좋습니다. 어릴수록 인격 형성이나 생활습관의 가소성이 풍부하기 때문입니다. 한꺼번에 여러 가지를 하는 것보다 한 가지 활동을 꾸준하게 실천하는 것이 긍정적인 자기조절력을 기르는 데 효과적입니다. 아이에게는 여러 가지 일을 해야 한다는 것이 부담으로 느껴질 수 있습니다. 한 가지만 꾸준히 하면 된다는 것을 설명하고 마음의 부담을 줄여주세요.

자기조절력을 기르며 꾸준하게 실천하기 위한 최적의 방법은 루틴에 있습니다. 자신의 생활을 잘 이끌어 가는 사람은 아침 루틴, 운동 루틴, 공부 루틴 등 자신만의 루틴을 가지고 있습니다. 루틴이 주는 실천의 힘은 강력합니다. 우리 아이들에게는 스스로 매일 지킬 수 있는 루틴이 필요합니다.

시간을 효율적으로 관리하는 법

루틴은 자신만의 순서와 방법으로 규칙적으로 일을 실행하는 것을 뜻합니다. 이 루틴은 넓게 두 가지로 분류할 수 있습니다. 시작하기 위한 의식 루틴과 순서의 루틴 일을 효과적으로 하기 위해 순서를 정하는 루틴으로 나눌 수 있습니다.

첫째, 시작하기 위한 의식 루틴입니다. 한 대학교 연설에서 스티브 잡스는 "나는 지난 33년 동안 매일 아침 거울을 보면서 스스로에게 물었다. 만약 오늘이 내 생의 마지막 날이라면, 내가 오늘 하려는 일을 내가 하고 싶을까?"라는 질문을 한다며 자신의 루틴을 소개했습니다. 매일 하루를 시작하기 전 스스로에게 가장 질문하면서 중요한 목표를 생각하고 정리할 수 있었다고 합니다.

루틴은 집중력과 평정심을 유지할 수 있도록 도와줍니다. 집중력이 경기의 승패를 좌우하는 골프에서 타이거 우즈의 프리샷 루틴은 유명합니다. 땅을 툭 치고, 자세를 취하고, 연습 스윙을 합니다. 이런 우즈의 프리샷 루틴은 평소에 연습하던 것을 이끌어내는 일종의 모드 전환이라고 할 수 있습니다. 긴장을 많이 하거나 집중을 잘못하는 학생들이 공부를 시작하기 전 자신만의 루틴을 만들어두면 집중 모드로 전환해 집중력을 높일 수 있습니다.

둘째, 순서의 루틴은 일을 효과적으로 하기 위해 순서를 정해두는 루틴입니다. 루틴으로 유명한 사람은 철학자 칸트입니다. 자신의 작업에 몰두하기 전 꼭 정해진 시간에 같은 장소로 산책을 하였습니다. 항상 그 루틴을 지켰기 때문에 마을 사람들은 칸트가 나타나면 시간을 짐작할 정도였다고 합니다. 칸트는 이런 자신만의 순서 루틴의 도움으로 꾸준히 연구하여 큰 업적을 남겼습니다. 이렇게 루틴으로 순서가 정해져 있으면 '오늘 무슨 공부하지?' '어디까지 공부하지?' 이런 고민 없이 실행할 수 있습니다.

공부 루틴	운동 루틴
1. 수학 문제집 1장 2. 영어 단어 5개 외우기 3. 국어 지문 2개 읽기	1. 스쿼트 30번 2. 플랭크 1분 3. 팔굽혀펴기 10번

고민을 없애주는 아이의 루틴 만들기

　완벽주의자 성향이 있는 아이들은 순서를 정하고 계획을 짜는데 많은 에너지를 쏟기 때문에 루틴이 있으면 에너지와 시간을 절약할 수 있습니다. 공부를 잘하는 아이들은 책상 앞에 앉아서 허비하는 시간 없이 자신의 공부 루틴대로 바로 시작할 수 있습니다. 시간을 효율적으로 관리할 수 있도록 도와주는 것이 '루틴'입니다.

작은 행동이 쌓여 불러오는 결과

성공은 작은 행동들의 결과물입니다. 수능 만점자의 이야기를 듣는다고 저절로 공부를 잘하게 되지 않는 것처럼 하루에 한 글자라도 공부하는 것이 더 중요합니다. 공부할 마음을 먹었다고 해도 끊임없이 '이제 그만할까, 자고 싶다, 게임하고 싶다'는 욕망과 싸워야 합니다. 당장 성과가 보이지 않고 끝을 알지 못하기 때문입니다. 그러면서 시작할 때의 의욕은 사라지고 점점 포기하게 됩니다.

열심히 살고 싶지만 지금 당장은 싫습니다. 놀 거 다 놀고 시간이 남으면 이제 공부를 해볼까 생각하는 것이 보통의 아이들입니다. 그렇게 해서 자신이 원하는 목표를 이룰 수 있을지 물어보면 그럴 수 없다는 것을 아이들도 알고 있습니다. 운이 좋아 목표를 이룰 수도 있지만 그런 기적은 흔하게 일어나지 않습니다. 기적을 바라기보다 목표를 위해 작은 행동이라도 하는 게 훨씬 나은 결과를 만듭니다. 우리 아이에게 매일 꾸준히 실천하도록 만들어주는 것이 바로 루틴 입니다. 매일 해야 할 일을 루틴으로 만들면 어떤 효과가 있을까요?

첫째, 루틴이 있다면 하루를 어떻게 보내야 할지 예상할 수 있습니다. 우리는 코로나19로 일상이 흔들리는 경험을 했습니다. 예상하지 못한 일을 맞닥뜨렸을 때 나만의 루틴이 있다면 일상을 지켜낼 수 있습니다. 예를 들어 일어나는 시간과 자는 시간이 정해져 있으면 하루의 시작과 끝을 예상할 수 있습니다. 그 사이에 할 일들을 차곡차곡 정리하면 됩니다. 루틴은 하루를 의미 있게 만들어줍니다.

《어린왕자》에서 어린왕자에게 여우는 이렇게 말합니다. "매일 같은 시각에 오는 게 좋을 거야. 가령 네가 오후 네 시에 온다면 나는 세 시부터 행복해지기 시작할 거야. 네 시가 다가올수록 나는 더욱 행복해지겠지? 네 시가 되면 나는 가슴이 두근거리고 안절부절못할 거야. 그럼 행복이 얼마나 소중한 것인지 깨닫게 되겠지. 그러나 네가 아무 때나 오면 몇 시에 마음의 준비를 하고 있어야 하는지 모르잖아, 그래서 의식이 필요한 거야." 행복을 맞이할 때도 마음의 준비가 필요하듯 시련이 올 때도 준비가 필요합니다. 하루를 루틴에 따라 보내면 행복을 만나거나 시련을 만나더라도 감정에 휩쓸리지 않는 힘이 차곡차곡 쌓이게 됩니다.

둘째, 루틴이 있다면 하루의 질이 향상됩니다. 저는 우리 아이들이 유튜브를 보거나 게임하면서 하루를 의미 없이 흘려보내는 것이 너무나 안타깝습니다. 초등학교 시절은 매우 중요합니다. 꼭 초등학교 때 채워줘야 할 요소들이 있습니다. 그런 것들은 눈앞에 당장 결과물이 보이지 않기 때문에 지루하고 나태해지기 쉽습니다. 그러므로 루틴으로 만들어 꾸준하게 실천하면 시간을 효율적으로 사용할 수 있습니다.

셋째, 선택의 에너지를 줄여줍니다. 아이들은 부모님이 시키는 일, 학교에서 시키는 일, 친구와 해야 할 일들 중에 어떤 것부터 해야 하는지 선택하느라 스트레스를 받습니다. 하지만 루틴을 미리 정해둔다면 고민할 필요가 사라지고 스트레스도 줄어듭니다. 아이에게 여유 시간이 생기면 아이는 그 시간에 계획적으로 무엇인가를 하기보다는 즉흥적으로 선택을 하는 경우가 많습니다. 보통은 누워 유튜브를 본다거나 게임을 하지요. 이럴 때 루틴이 있다면 어떤 순간에 무엇을 해야 할지에 고민하는 시간을 줄이고 더 좋은 선택을 할 수 있도록 도와줍니다.

넷째, 행동의 방향성을 잡아줍니다. 대단한 성과를 내기 위해 고민만 하다가 시작을 못하는 아이들이 많습니다. 대단한 성과를 위해 가장 중요한 것은 지금 당장 실행하는 것입니다. 복권에 당첨되기 위해서 가장 중요한 일은 복권을 사러 가는 것처럼 말입니다. 목표를 이루기 위해서는 우선 일을 시작하는 것이 중요합니다. 그리고 루틴을 만들어 그 목표를 향해 꾸준히 나아가야 합니다.

아이들은 지금도 무엇인가를 열심히 하고 있지만 목표와는 상관없는 엉뚱한 노력일 때가 있습니다. 그저 닥치는 대로 무작정 열심히 하는 것이 아니라 목표를 가지고 그 방향으로 걸어가야 시간과 에너지를 집중시킬 수 있습니다. 성공한 사람들은 자신의 목표를 유지하기 위한 루틴을 가지고 있고 그 루틴을 지키는 것을 중요하게 생각합니다. 특별한 날이 아니라 일상적으로 보내는 하루를 의미 있게 보내는 것이 중요하다는 사실을 알고 있기 때문입니다. 루틴을 만들고 지켜나가는 매일이 우리 아이를 원하는 삶의 모습으로 이끌어줍니다.

우리 아이의 새는 시간 공략하기

새로운 시작은 설레기도 하지만 두려운 일입니다. 게다가 루틴을 실행하기 위해 계획을 세우고 익숙해지는데 너무 많은 시간이 걸리지 않을까 하는 생각이 들 수 있습니다. 하지만 책에 소개된 루틴은 아이들이 이미 하고 있는 일들을 더 효율적이고 효과적으로 하기 위한 방법입니다. 게다가 틈틈이 남는 시간에 할 수 있어 부담스럽지 않습니다. 루틴을 위한 루틴이 아니라 생활을 하다 잠깐씩 남는 틈새 시간에 실천할 수 있습니다.

학부모 상담을 하다 보면 가장 많이 받는 질문이 '초등학교 시절에 아이에게 뭘 해줘야 할까요?'입니다. 아이가 공부도 잘하면 좋겠고, 책도 많이 읽으면 좋겠고, 인성도 바르면 좋겠다는 마음은 모두 같습니다. 이것들을 이루게 해주는 방법은 단 하나입니다. 꾸준히 실천하는 것뿐이지요. 너무도 쉽고 간단하지만, 세상에서 가장 어려운 것이 꾸준히 실천하는 것입니다.

그래서 틈새루틴이 필요합니다. 루틴은 우리 몸의 근육처럼 실천에 도움을 주고 지지해주는 것입니다. 오늘 컨디션이 좋지 않거나 의지가 생기지 않을 때도 한 걸음 나아가게 해줍니다. 달리는 기차가 쉽게 멈출 수 없는 것처럼 의지가 약해도 매일 의지를 다지고 새롭게 시작하면 결국 매일의 실천으로 이어집니다. 누구에게나 새로운 시작은 설레기도 하지만 두렵기도 합니다. 아이들도 마찬가지로 새로운 루틴이 부담스러울 수 있습니다. 아이에게 맞는 방법을 찾아 하나씩 도전해보세요. 거부감없이 자연스럽게 받아들이도록 무리하지 말고 차근차근 시도해봅니다. 구체적인 방법을 이 책에 적어두었으니 어렵지 않게 따라할 수 있습니다.

공부는 하지 않고 공부를 잘하는 사람들은 어떻게 하는지 찾아보기만 하는 것은 실력 향상에 도움이 되지 않습니다. 다만 자신이 원하는 목표에 먼저 도달한 사람들이 어떤 방식으로 갔는지에 대한

힌트는 얻을 수 있습니다. 마찬가지로 저는 많은 초등학생을 접하고 그들의 성장을 도운 한 사람으로서 성공적으로 초등학교 시절을 보낸 아이들에게는 공통점이 있다는 것을 알게 되었습니다. 스스로 잘하는 아이들은 하루아침에 만들어지지 않습니다. 매일 꾸준히 노력한 결과물들이 행동으로 나타나는 것입니다. 스스로 잘하는 아이들이 매일 하는 좋은 루틴들을 우리 아이도 꾸준히 실천하면 누구보다 스스로 잘하는 아이가 될 수 있다고 믿습니다.

우리는 알고 있습니다. 하루에 30분씩 꾸준한 운동과 균형 잡힌 식단, 바른 자세로 앉기, 과식과 음주 하지 않기, 담배 피지 않기 등 건강해지는 방법은 잘 알고 있지만 우리의 생활과는 괴리가 있습니다. 아는 것과 실천이 다르다는 사실도 잘 알고 있지요. 그래서 실천이 조금 더 쉬워지고, 매일 달라지는 컨디션에 의존하지 않는 시스템을 만들어 시간과 에너지를 관리해주게끔 도와주는 방법을 이 책에 담았습니다.

물이 바위를 뚫는 것은 단 한 번의 강력한 힘이 아니라 뚫릴 때까지 떨어지는 물 한 방울의 힘입니다. 아이들은 지금부터 틈새루틴이라는 물 한 방울의 힘으로 세상을 뚫고 앞으로 나아가는 방법을 배우게 될 것입니다.

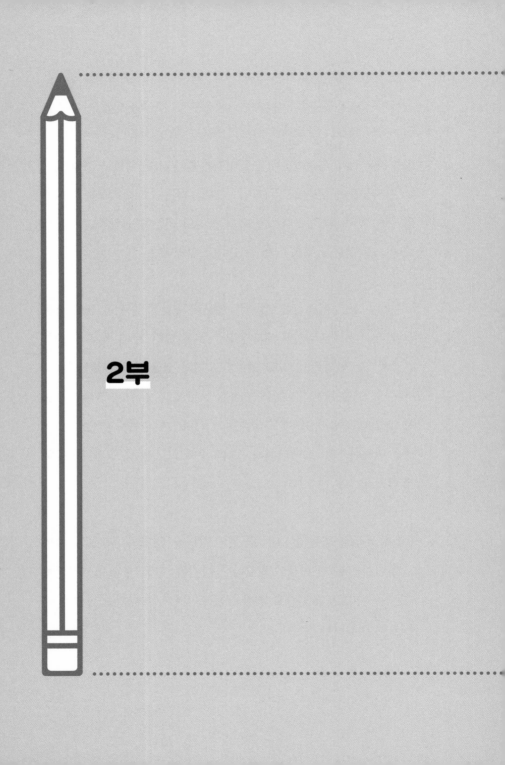

2부

공부, 자존감, 사회성을 키우는 8가지 루틴 활용법

· 1장 ·

꿈을 향해 달려가는 계획 세우기

꿈은 눈에 보이는 곳에

아이들은 하루에 6만 가지의 생각을 합니다. 깨어있는 거의 모든 시간 아이는 생각을 하고 있기 때문에 아이가 생각하는 방향이 중요합니다. 긍정적인 방향의 사고를 가지고 있다면 생각을 긍정으로 끌고 가고, 도전적인 방향의 사고를 가지고 있다면 망설이는 대신에 생각을 도전으로 끌고 갑니다. 이런 생각의 방향이 우리 아이의 삶을 디자인합니다. 생각의 방향을 잘 잡아주기 위해서는 무엇을 해야 할까요?

목표를 계속 떠올려라

생각의 방향을 정리하기 전에 목표를 설정해야 합니다. 이루고 싶은 꿈, 장래희망, 단기 목표 무엇이든 좋습니다. 아이가 이루고 싶은 것들을 낱말이나 문장들로 표현하도록 도와주세요. 리더십의 대가 존 맥스웰은 "우리 중 약 95%의 사람은 자신의 인생 목표를 글로 기록한 적이 없습니다. 그러나 글로 적은 적이 있는 5%의 사람 중 95%가 자신의 목표를 성취했습니다."라고 말하기도 했습니다. 막연하게 생각하는 목표를 글로 적어보는 것은 우리 아이들의 성취에 중요한 부분입니다.

단기 목표	시험 100점 맞기 하루에 영어 단어 5개씩 외우기 줄넘기 100번 연속으로 하기 틈틈이 책 읽기
장래희망	20년 후에 사람의 생명을 구하는 멋진 의사되기
이루고 싶은 꿈	사람들의 생활을 편리하게 해주는 앱 만들기

목표 예시

목표를 적은 다음에는 시각화를 해주어야 합니다. 시각화란 정한 목표를 그림이나 사진으로 표현해 머릿속에 반복적으로 상기시키는 것입니다. 글자보다 그림과 사진이 우리 아이에게 효과적으로 목표를 떠올리게 만들어줍니다. 아이가 가장 많은 시간을 보내는 집을 어떻게 아이의 시각화 공간으로 만들 수 있을까요?

아이가 정한 목표를 아이의 시선이 머무는 곳에 붙여둡니다. 예를 들면 '하루에 영어단어 5개씩 외우기'라는 목표를 포스트잇이나 작은 보드판에 적어서 아이의 시선이 자주 머무는 냉장고 문, 아이 방문, TV 거치대 등에 붙여둡니다. 집안 곳곳에 붙여둔 시각화된 목표는 아이가 생활하는 모든 곳에서 자신의 목표를 상기시키게 됩니다.

실제로 행동으로 옮기지 못하더라도 목표에 대해 계속 상상하여 뇌를 활성화하는 것만으로도 우리 뇌는 실제로 한 것처럼 인식하는데 이를 심상화(이미지 트레이닝)라고 합니다. 성공한 사람들은 자신이 경기하는 장면, 프레젠테이션하는 장면을 섬세하게 심상화하여 좋은 결과를 이끌어내기도 합니다.

목표를 계속 상기시켜야 하는 이유는 우리의 뇌는 상상과 현실을 구분하지 못하기 때문입니다. 계속 아이가 목표를 생각하고 떠올리면 아이의 뇌는 그것이 현실이라고 믿게 됩니다. 이런 믿음은 아이의 몸과 마음뿐만 아니라 아이를 둘러싸고 있는 주변 환경까지 영향을 미쳐 현실로 만드는 힘이 있습니다. 아이뿐만 아니라 아이를 바라보는 주변 사람들에게도 영향을 주기 때문입니다. '아이가 이런 목표를 가지고 열심히 노력하고 있구나'라는 것이 그 아이의 이미지가 됩니다. 이렇게 만들어진 이미지는 아이만의 스토리를 완성하도록 만들어줍니다.

긍정적인 단어로 계획표 만들기

시각화로 목표를 반복적으로 떠올리면 그다음으로 목표를 어떻게 이룰 수 있을지 계획하게 됩니다. 자신의 목표를 설정하고 그 목표를 위해 내가 할 일을 생각해보는 것만으로 아이는 목표에 대한 긍정적인 경험을 하게 됩니다. 여기서 주의할 점은 목표는 긍정적이어야 합니다. 집안 곳곳에 붙어있는 목표가 아이의 뇌를 계속해서 자극하기 때문입니다. 아이의 잘못된 행동을 고치기 위해 '단 것 먹지 않기'라는 목표를 시각화했다면 아이는 종일 머릿속에 떠오르는 단 것과 싸워야 할 것입니다. 오히려 단 것을 떠올리고 먹으라고 아이의 뇌에 광고하는 일이 벌어집니다.

시각화는 강력한 도구가 된다는 것을 항상 느낍니다. 쉬는 시간 교실은 전쟁터를 방불케 하는 풍경이 펼쳐집니다. 쉬는 시간이 좋아 학교에 온다는 아이들도 있는데 오죽하겠나 싶습니다. 쉬는 시간에 친구와 떠들고 장난치면서 놀다 보면 수업 준비하는 것을 놓치는 일이 생깁니다. 수업 시작 종이 쳤는데도 수업 준비를 하느라 시간을 할애하면 공부하는 시간이 줄어들게 됩니다. 그래서 쉬는 시간에 미리 수업 준비를 할 수 있게 하려고 쉬는 시간마다 잔소리도 하고, 종을 치면서 알리기도 해보았습니다. 하지만 그때일 뿐 아이들의 행동은 크게 나아지지 않았습니다.

아이들의 행동에 획기적인 변화가 일어난 것은 시각화 덕분이었습니다. 쉬는 시간 중간쯤 조용히 칠판에 교과서 그림을 아이들이 제일 잘 보이는 곳에 붙여두기만 했지요. 신기하게도 정신없이 놀던 아이들이 하나둘씩 시간표를 확인하고 교과서를 찾아 책상 위에 놓아두었습니다. 그 후 아이들에게 책을 펴라는 잔소리 대신에 교과서 그림을 칠판 잘 보이는 곳에 붙여둡니다.

아이들이 하루종일 떠올리는 수많은 생각을 자신의 목표를 구체화하는 데 집중한다면 목표에 한걸음 더 가까이 다가갈 수 있지 않을까요? 우리나라에는 이 시각화의 중요성을 알고 실천한 문화가 있습니다. 바로 교훈이나 가훈을 가장 잘 보이는 곳에 액자로 걸어두는 것입니다. 가장 중요한 목표를 집안이나 교실에서 가장 잘 보이는 곳에 걸어두고 항상 인지하고 기억하도록 한 것이지요. 집을 아이의 일상을 보내는 곳이자 미래를 디자인하는 곳으로 만드는 방법은 간단합니다. 아이의 목표를 냉장고 문, 아이 방문, TV 거치대 등 집안 곳곳 붙여두면 아이는 항상 자신을 목표를 떠올리고 미래를 상상하게 될 것입니다.

우리 아이의 핫스팟 찾는 법

우리 아이들은 일상공간은 어디까지일까요? 아이들이 활동하는 공간의 범위는 생각보다 넓지 않습니다. 아이의 공간의 범위를 보면 가정, 학교, 학원, 집 근처 놀이 공간 등이 전부입니다. 여가활동을 위해 실외로 나가기도 하지만 어른의 도움 없이는 쉽지 않습니다. 아이들의 생활공간은 집과 학교, 학원이 큰 비중을 차지합니다.

집을 목표를 위해 달려가는 공간으로 만들기

집에서 아이들은 잠도 자고, 밥도 먹고, 공부도 하고, 게임도 합니다.

그래서 집에서는 아이의 일상생활과 생산적인 활동을 분리하기 쉽지 않습니다. 아이는 주변 환경에 많은 영향을 받기 때문에 식탁에서 문제를 풀다가 10분도 앉아 있지 못하고 TV 리모컨을 만지작거리거나 책을 읽다가 냉장고 문을 열어보곤 합니다. 공간이 분리되어 있지 않은 집에서는 아이들의 몰입을 위한 계기나 집중할 수 있는 환경을 만들어주어야 합니다.

하지만 현실적으로 아이의 공간 분리를 위해 당장 방이 여러 개인 집으로 이사를 할 수 없습니다. 가능한 범위 안에서 아이가 목표를 위해 몰입할 수 있는 시간과 공간을 만들어주어야 합니다. 아이마다 다르지만 공부가 잘 되는 장소가 방일 수도 있고, 거실일 수도 있습니다. 아이가 몰입할 수 있는 공간이라면 어디든 그 공간을 아이가 사용할 수 있도록 만들어줍니다. 식탁에서 집중이 잘 된다고 하면 식탁의 한쪽을 아이의 공간으로 내어줍니다.

몰입의 공간이 정하고 나서 그 공간을 파티션이나 구분하는 것도 좋습니다. 도서관하면 책이 떠오르듯이 식탁, 방의 책상, 거실 어디든 자신의 공간을 생각하면 공부 혹은 독서를 떠올릴 수 있도록 하는 것입니다. 그 공간은 몰입을 위해 주변을 깔끔하게 유지하도록 아이와 함께 신경 쓰는 것도 중요합니다. 지저분한 주변과 물건이 아무렇게나 있는 것이 몰입을 방해하는 요소가 될 수 있기 때문입니다.

공부하기 전에 꼭 책상을 치우는 사람들이 있습니다. 공부하기 싫어서 딴짓한다고 생각할 수도 있지만 이것이 몰입을 위한 루틴이 되어주기도 합니다. 공부하기 전 아이가 스스로 몰입할 수 있도록 환경을 구성하는 루틴을 만들어보는 것도 좋은 방법입니다.

아이가 몰입하는 시간찾기

아이는 하루 중 대부분의 시간을 가정과 학교에서 보냅니다. 학교는 등하교시간이 정해져 있고 특별한 경우를 제외하고는 정해진 시간표를 따라 수업을 듣고 친구들과 시간을 보내다 집에 돌아옵니다. 정해진 규칙에 따라 시간을 보내는 학교와 달리 집에 있는 시간은 그렇지 않습니다. 집에서는 자리에 가만히 앉아 있으라고 말하는 사람도 없고 잠깐 게임을 하거나 침대에 누울 수도 있습니다. 부모가 아이의 생활에서 가장 신경을 써야 하는 시간은 가정에서 보내는 시간입니다.

아이가 몰입할 수 있는 시간대는 언제일까요? 집에서 부모가 아이와 함께 보내는 시간은 등교 전의 이른 아침 시간이나 하교 후 저녁 시간 정도입니다. 이른 아침 일어나 아침도 먹고 미리 공부하거나 책을 읽으며 시간을 활용할 수 있다면 정말 좋겠지만 익숙한 생활 리듬을 바꾸는 것이 쉬운 일은 아닙니다. 그렇다면 저녁 시간을 쪼개어 아이가 몰입할 수 있는 시간을 정해봅니다. 이때 아이의 의견이 중요합니다.

처음에는 길지 않은 시간으로 정하는 것이 좋습니다. 그래야 아이가 부담 없이 실천할 수 있기 때문입니다. 하루에 5분이라도 좋습니다. 아이가 5분을 10분으로, 10분을 20분으로 늘리는 것에서 성취감을 느낄 수 있습니다. 이때 시간대를 정해두는 것이 좋습니다.

'5시에 수학 문제 풀기'처럼 할 일과 시간을 정해놓으면 아이와의 실랑이가 줄어들고 아이도 스케줄을 맞추기 위해 자신의 일정을 조정할 수 있게 됩니다. 아이와 일정을 맞추기 어렵다면 시간대라도 정해두는 것이 좋습니다. 예를 들면 '7~9시 사이에 책 읽기'처럼 시간대를 정해서 그 안에 자율적으로 실천할 수 있도록 약속할 수도 있습니다. 아이의 하루가 시시때때로 바뀌더라도 정해진 공간에서 시간을 보내는 방법을 몸에 익히는 루틴은 아이의 일상을 지켜내는 힘이 됩니다.

목표를 이루는 루틴 솔루션

우리나라 초등학생 10년 동안 희망직업 1순위 '교사'

교육부와 한국직업능력개발원은 매년 학생들의 희망직업을 조사하여 발표합니다. 우리나라 초등학생 희망직업은 10년간 부동의 1위가 교사였습니다. (최근에는 유튜버나 운동선수가 1위이지만) 아이들의 희망직업으로 교사가 높은 순위를 차자한 까닭은 아이들이 매일 보기 때문이라고 생각합니다. 학교에서 매일 교사와 시간을 보내면서 아이들은 교사라는 직업에 대해 잘 알고 익숙해서 안정적이라고 느끼는 것이지요.

목표는 아이가 정합니다

많은 아이들이 목표에 대해 이야기할 때 엄마가 원하는 목표와 자신이 원하는 목표를 잘 구분하지 못합니다. 매해 새학기가 되면 저는 아이들을 더 잘 알아가기 위해 조사를 진행합니다. 장래희망을 학부모 희망, 본인 희망 칸으로 나누어 조사하는 것도 포함되지요. 많은 아이들은 그저 부모가 생각하는 장래희망을 자신의 장래희망 칸에 그대로 적어옵니다. 부모의 영향으로 꿈을 선택하면 아이 스스로 창의성을 발휘하거나 성취감을 느끼기 어렵습니다. 지금부터는 부모가 원하는 목표가 아니라 온전히 아이가 정하도록 하는 것이 중요합니다. 아이가 자신에게 의미 있는 목표를 구체화할수록 실현 가능성이 높아지기 때문입니다.

꿈, 장래희망, 버킷리스트, 진로 등 다양한 이름으로 불리는 목표를 설정하는 것은 정말 중요합니다. 아이가 열심히 목표를 향해 걸어가는데 그 목표지점이 틀렸다고 한다면 헛수고가 되기 때문입니다. 그 헛수고로 자신의 노력이 부정당했다고 느끼며 방황하고 헤매는 아이들을 볼 때면 정말 마음이 아픕니다. 어렸을 때부터 꿈이 바이올리니스트여서 정말 열심히 노력하던 아이가 집안 사정으로 인해 그만두게 되었을 때 상심하고 방황하는 모습을 보았습니다. 일기

장에 쓰인 마음속에 별이 하나 꺼진 것 같다던 아이의 글을 아직도 잊을 수가 없습니다. 물론 그때까지 노력했던 아이의 바이올린 실력이 없어진 건 아니지만 목표를 잃은 그 아이의 상처와 아픔은 한동안 계속되었습니다.

하지만 타의가 아닌 자의로 목표가 달라지는 것은 다릅니다. 아이가 새로운 것에 도전하고 다양한 노력을 해보는 것은 중요한 일입니다. 다양한 분야를 경험하다 보면 나아갈 수 있는 방향도 넓어집니다. 한 가지 분야를 정해서 뾰족한 직선으로 나아가는 것은 빠르고 효율적이지만 넓은 시야를 가지고 나아가면서 다양한 경험을 해보는 것도 필요한 시기입니다.

'목표가 뭐야? 꿈이 뭐야?' 하고 묻는다고 생각해본 적 없는 아이가 곧바로 대답하기는 쉽지 않습니다. 아이가 목표를 정하는 것에 어려움을 느낀다면 머릿속의 생각을 꺼내 하얀 종이에 모두 적게 해보세요. '어떤 모습으로 살아갈지? 무엇이 되고 싶은지?' 적다 보면 생각이 정리되어 목표 설정에 도움이 됩니다. 그래도 아이가 목표를 정하는 데 어려움을 느낀다면 다양한 분야를 체험할 수 있도록 도와주세요. 아이들이 진정으로 즐거움을 느끼는 분야를 찾으면 목표를 선명하게 만드는 데 도움이 됩니다. 요리를 할 때, 운동에서 이겼을 때, 남을 도울 때 등 아이 스스로 자신의 즐거움을 직접 경험하고 느껴보는 것이 중요합니다.

꿈을 진지하게 탐색하는 경험은 목표를 단단하게 만드는 것 이상으로 중요합니다. 아이가 좋아하는 것과 장점을 찾아보는 활동을 통해 스스로에 대한 이해와 긍정적인 인식이 높아집니다. 아이가 자신을 잘 알게 되면 목표를 세우는 것이 더 쉬워집니다. 그러면 목표는 아이의 실천 동기가 되고 하나씩 세부적인 목표를 실천하다 보면 자신감을 가질 수 있게 됩니다.

목표를 시각화하는 비전보드

목표의 시각화에 대해 계속 이야기하는 이유는 그만큼 중요하기 때문입니다. 아이가 바라보는 곳에 자신이 원하는 목표를 적어두고 한번 더 떠올리게 할 수 있지요. 아이과 함께 정한 목표를 아이의 시선이 닿는 곳에 붙입니다. 이때 목표를 담은 롤모델의 사진이나 구체적인 낱말이 들어간 '비전보드'를 활용하면 좋습니다. 아이가 축구선수가 되고 싶어 한다면 좋아하는 선수의 사진과 함께 '국가대표 축구선수'를 적어두면 조금 더 구체화시키기 쉽습니다. 이렇게 만든 비전보드를 액자나 도화지, 포스트잇 어떤 형태도 좋으니 집안 곳곳에 붙여둡니다.

아이가 목표를 자주 볼 수 있는 환경이 갖추어졌다면 직접 행동할 수 있도록 도와주어야 합니다. 이때 중요한 것은 매일 실천할 수 있도록 구체적이고 작은 활동이 좋습니다. 한꺼번에 큰 행동보다 작은 행동이라도 꾸준히 행동하는 것이 필요하기 때문입니다. 먼저 작은 목표를 세우고, 그 작은 목표를 이루기 위해 더 작은 목표를 하나씩 정해봅니다.

예를 들어 아이가 메이크업 아티스트가 되고 싶어 하면 미적 감각을 키울 수 있는 활동을 하도록 도와줍니다. 미적 감각을 높이기 위해 미술을 공부하기로 목표를 세울 수 있습니다. 그다음 하루에 5분씩 스케치 연습을 하거나 명화 감상하기 등 매일 할 수 있는 작은 목표를 정합니다. 큰 목표도 중요하지만 메이크업 아티스트라는 목표를 이루기 위해 작은 실천을 매일 반복하는 것이야말로 뇌가 목표를 위해 계속 일하게 하는 원동력이 됩니다.

목표를 위한 작은 실천이 이루어지는 장소는 아이의 핫스팟이어야 합니다. 아이가 가장 몰입할 수 있는 시간과 공간에서 자신의 목표를 위해 실천하는 것이 중요합니다. 매일 목표를 세우고 노력하는

☑ 비전보드란?

사진이나 이미지를 이용해서 자신의 꿈이나 시각화하는 도구입니다. 이루고 싶은 일, 가지고 싶은 것, 롤모델 등을 이미지나 단어를 사용해서 만들어 목표를 되새기게 해 꿈을 이루는 데 도움을 줍니다.

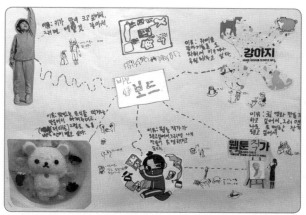

비전보드 예시

것이 쉬웠다면 누구나 성공했을 것입니다. 실천을 방해하는 요소는 늘 우리 가까이에 있습니다. '오늘은 피곤해서', '숙제가 많아서', '오늘 하루쯤은', '열심히 해도 바뀌는 게 없네.' 등 핑계가 우리 아이를 유혹합니다.

　루틴을 계속 강조하는 것은 몸이 귀찮고 힘들어도 저절로 하게 만드는 힘이 있기 때문입니다. 매일 하는 일이 정해져 있으면 자리에 앉아 실천하는 데까지 들이는 노력을 줄여줍니다. 아이도 쌓여가는 성취감과 노하우를 직접 깨닫게 되지요. 아이들은 어른보다 훨씬 적응력이 뛰어납니다. 처음은 어색하고 몸에 배어있지 않을지라도 매일 목표를 보면서 준비하다보면 어느 순간 목표가 가까이 다가온 것을 느낄 것입니다. 부모는 아이가 삶을 주체적으로 이끌어가도록 도움을 주는 존재입니다. 꿈을 정해주는 것이 아니라 아이가 원하는 것을 알아주고, 목표를 세우고 그것을 이룰 수 있도록 아이의 시간과 공간을 지켜주면 됩니다. 아이가 성취감을 느끼고 자신의 삶을 긍정적으로 바라볼 수 있도록 말입니다.

· 2장 ·

아이의 불안한
마음을 단단하게
만드는 마음 루틴

걱정과 불안에 둘러싸인 초등 아이

모든 것이 넘쳐나는 사회에서 살고 있는 아이들은 오히려 위기의 한가운데 서 있는 듯 합니다. 정보가 너무 많아 다양한 유혹에 빠질 위험이 있고, 학교부터 학원까지 이어지는 고된 스케줄과 과도한 경쟁으로 아이들의 자존감과 친구 관계, 꿈, 일상까지도 위협받고 있습니다. 학교 주변에 늘어나는 소아정신과 수만 봐도 아이들의 심리 상태가 나빠지고 있다는 것을 체감하게 됩니다. '우리 아이들이 많이 힘들구나, 손 내밀어 줄 사람이 필요하구나' 하고 말입니다. 즐겁게 뛰어놀고 자유롭게 상상하며 행복하게 지내야 할 초등학생들 왜 이토록 힘들어할까요?

• 낮아지는 자존감

"유치원생인데 양치도 스스로 하고 신발도 혼자 신는구나! 너무
잘한다."

"초등학교에 입학했으면 이건 스스로 할 줄 알아야지."

어렸을 때는 뛰거나 밥을 혼자 먹기만 해도 잘한다고 칭찬받았습
니다. 하지만 초등학교에 입학하면서 갑자기 어른이 된 것도 아닌데
자신을 바라보는 시선이 달라졌다는 것을 느낍니다. 처음 해보는 것
이라 실수할 때마다 다른 친구들에게 비교도 당하고, 열등감도 느끼
면서 스트레스에 노출됩니다. 이런 스트레스들이 심한 경우에는 불
안이나 틱 장애로까지 발전하기도 합니다.

• 친구 관계

"친구가 무시해서 싸웠어요."

"친구 때문에 학교에 가기 싫어요. 친구가 전학가면 좋겠어요."

학부모 상담을 진행하면 친구들과 잘 지내고 있는지, 왕따를 당하
고 있는 건 아닌지 친구 관계에 대한 질문이 꼭 나옵니다. 친구관계
에서 아이들이 많은 영향을 받기에 걱정되는 그 마음을 저도 이해
합니다. 학교생활의 대부분을 친구들과 함께하기 때문에 친구들로

인해 마음의 위로와 즐거움을 얻기도 하지만 스트레스도 받습니다. 단순한 말다툼으로 시작해 신체 폭력, 괴롭힘 등으로 이어지는 일도 발생하기 때문에 친구와의 관계는 늘 신경이 쓰입니다.

• 어려워지는 공부

"오늘 영어 레벨 테스트 몇 점 맞았어?"
"공부 열심히 해서 좋은 대학 가야지."

저학년때는 아이의 의지보다는 부모의 관심도에 따라 성적이 좌우되는 경향이 있습니다. 아이가 어릴 때는 부모의 뜻에 따라 학원에 가고, 학습지를 풀며 곧잘 따라옵니다. 하지만 학년이 높아질수록 학습량이 많아지고 내용도 어려워져서 아이들은 당황하기 시작합니다. 분명히 1~2학년때는 부모님이 시키는 대로 하니 문제가 없었는데 고학년이 되니 공부는 어렵기만 하고 잘되지 않으니 자신감을 잃어갑니다.

학생들은 공부를 통해 자연스럽게 경쟁과 평가에 노출됩니다. 학교에서 일렬로 줄 세워 등수를 매기는 평가는 없어졌지만 레벨 테스트 등으로 점수가 매겨지는 일은 여전히 일어나고 있습니다. 시험과 성적은 아이에게 스트레스가 되고 낮은 자존감의 원인이 되기도 하지요. 학년이 높아질수록 학교와 학원에서 숙제는 늘어나는데 제대로 공부하지 않는다는 잔소리를 들으면 아이는 마음의 상처를 입습니다. 공부를 잘하는 아이에 대한 질투심, 나를 이해해주지 않는 부모님에 대한 실망감, 선생님에게 사랑받지 못한다는 좌절감 등이 아이의 마음을 아프게 합니다. 이것은 반항심과 나쁜 감정으로 이어져 자신뿐만 아니라 다른 사람과의 갈등이 되기도 하고 심한 경우는 공부를 못하는 자신을 자책하거나 죄책감을 느끼는 경우도 있습니다.

· 쉼 없는 생활

"선생님, 재현이 엄마예요. 재현이가 학원 차를 안 탔다고 연락이 왔네요."
"재현이 수업 마치고 알림장 적느라 5분 정도 늦게 나갔어요"

수업 마치면 땡하고 나가서 학원 차에 타야 합니다. 학원 차를 놓치면 학원에 가지 못하고 그다음 스케줄을 소화해낼 수가 없습니다. 종례시간이 잠깐이라도 늦어지면 아이들은 조급함에 시계를 쳐다보고 학원 차를 타야 하니 빨리 보내달라고 아우성입니다. 하교 길에 친구와 오순도순 이야기를 나누며 걸어가면서 장난도 치고, 군것질도 하던 일은 추억이 되어버렸습니다.

스트레스를 받는 아이들

아이들은 학교에서나 가정에서나 많은 상황에서 스트레스를 안고 생활하고 있습니다. '아이들은 원래 다 이렇게 크는 거야.'라고 생각하지만 아이마다 느끼는 스트레스의 정도와 표현하는 정도의 차이가 있습니다. 학원 가는 것이 스트레스인 아이, 친구와의 관계를 예민하게 받아들이는 아이, 나만 손해 본다고 생각하는 아이 등 하루에도 수차례 자신의 감정이 소용돌이치고, 화가 나는 상황을 맞닥뜨립니다. 그럴 때마다 훈계하거나 참으라는 식의 조언은 도움이 되지 않는다는 것을 경험하곤 합니다.

이러다 말겠지 하면서 방치했던 스트레스가 감당하지 못할 만큼이 되거나 사춘기와 겹치면 위험해집니다. 스트레스를 해소하고 싶지만 자신의 마음을 어떻게 달래야 하는지 모르는 아이들은 늘 긴장되고 스스로 불행하다고 느끼는 경우가 많습니다. 나쁘거나 잘못된 것이 아니라 아이들은 자신의 마음을 다스리는 방법이 있다는 것조차 알지 못합니다. 내가 왜 이렇게 힘들고 화가 나는 것인지, 짜증이 나는 것인지 알지 못하기 때문에 스트레스 상황이 오면 불안하고 초조해집니다. 언제 이 감정의 소용돌이가 끝날지 알 수 없기 때문입니다.

어른들은 감정이 좋은 것도 나쁜 것도 잠시라는 것을 경험적으로 알고 있습니다. 나쁜 감정은 시간이 지나면 다 지나갈 것이라고 이야기해도 경험하지 못한 아이들에게는 크게 와닿지 않습니다. 우리 아이들이 자신의 마음을 돌아보고 조절하는 연습을 어렸을 때부터 시작할 수 있다면 얼마나 좋을까요?

마음에 빨간불이 켜지면 잠시 멈춤

“너무 화가 나요.”

“요즘 너무 힘들어요.”

아이들이 화가 나거나 스트레스를 받거나 우울하다고 마음의 빨간불 신호를 보낼 때면 어떻게 해주어야 할지 당황스럽습니다. 신호를 놓치면 아이에게 상처가 되거나 더 부정적인 감정을 느끼게 될 것 같아 어른으로서 뭔가 해주어야겠다는 마음이 앞섭니다. 그동안 경험으로 깨달은 가장 좋은 방법은 거창한 위로를 전하기보다 그저 아이를 안아주는 것입니다. 특히 엄마아빠의 포옹은 아이에게 부모가 자신의 편이라는 것을 믿음과 가족에 대한 신뢰, 무한한 사랑을 느끼게 합니다.

어떤 일인지 알아보는 것은 그다음입니다. 차근차근 이야기를 들어주면서 '왜'보다는 '지금 마음이 어떤지' 아이의 마음에 집중해야 합니다. 어른들은 아이와의 대화에서 공감하기보다는 문제를 해결해주려고 하는 경향이 있습니다. 아이들은 누군가 자신의 이야기에 귀 기울여준다는 것만으로도 마음이 풀릴 때가 많습니다. 무엇보다 중요한 것은 무조건 아이 편이 되어주는 것입니다. 아이의 잘못된 행동은 아이의 마음이 평안해지고 충분히 위로를 받았다고 느꼈을 때 조언해도 늦지 않습니다. 우리도 다른 사람에게 자신의 힘듦을 털어놓았을 때 자신의 잘못을 들추거나 비난을 듣고 싶어 하지 않는 것처럼 말입니다. 아이들 마음도 똑같습니다. 나쁜 감정이 아이의 마음에 상처가 남지 않도록 충분히 마음을 풀어주세요. 아이는 그 과정에서 쉽게 상처받지 않고 이겨낼 힘을 키우게 됩니다.

하지만 항상 아이의 곁에서 마음을 지켜줄 수는 없습니다. 학교에서 친구와 싸우고 화가 너무 나 있을 때나 공부가 마음대로 되지 않아 짜증이 날 때처럼 아이 스스로 이겨내야 하는 상황도 생겨납니다. 하루에도 수십 번 맞닥뜨리는 스트레스 상황에서 스스로 자신의 마음을 다독여줄 수 있게 해주는 것이 중요합니다. 아이에게는 스스로 자신의 마음을 돌보는 연습이 필요합니다.

아이에게 시간을 주세요

스스로 마음을 돌보기 위해서는 마음의 빨간불을 느끼는 것이 중요합니다. 아이들은 자신이 화가 났는지, 짜증이 났는지, 슬픈지 정확하게 알지 못합니다. 그냥 기분이 나쁘다로 표현합니다. 다양한 감정에 대한 경험이 많지 않은 아이가 자신의 감정을 세세하게 알기 위해서는 감정에 대한 경험과 공부가 필요합니다. 동생의 장난으로 화가 난 것인지, 많은 숙제로 힘든 것인지, 자신을 부족하다고 자책하는 것인지 평소에 아이가 맞닥뜨리는 생활 속에서 경험하는 감정을 충분히 느껴야 하는 것이지요.

아이가 마음에 빨간불이 켜진 것이 느껴지면 모든 일을 잠시 멈추게 합니다. '너 아무것도 하지 마.'가 아니라 편안히 앉게 하는 것입니다. 앉을 수 없는 상황이거나 앉아있는 것을 힘들어하는 아이라면 천천히 걷게 하는 것도 좋습니다. 우선 몸이 편안해지면 온몸의 긴장이 풀리면서 마음을 가라앉힐 수 있습니다.

그런 다음 눈을 감게 합니다. 시야에 다른 것들이 보이면 아이의 주의가 흐트러질 수 있기 때문에 자연스럽게 눈을 감게 합니다. 그리고 아이의 신경이 자신의 마음에 집중할 수 있도록 충분한 시간을 주어야 합니다. 아이가 처음에는 어색하게 느낄 수도 있고 감정이 더 격해질 수도 있습니다. 그래도 괜찮다고 얘기해주세요. 계속 호흡이 가쁘다면 심호흡을 하게 하는 것도 좋습니다. 표정과 호흡이 평온해지는 것만으로도 아이 마음의 급한 빨간불은 끌 수 있습니다.

처음에는 이 과정이 아이에게도 부모에게도 쉽지 않습니다. 아이는 화가 나서 씩씩대고 있는데 "잠깐 앉아보렴."라는 말이 통할 리 만무합니다. 그러나 아이 마음의 빨간불이 하루 종일 켜져 있으면 마음속에서 사고가 날 수 있습니다. 빨간불은 멈추라는 신호입니다. 신호를 지키지 않고 부정적인 감정을 씽씽 달리게 한다면 분명 마음에는 안 좋은 영향이 남습니다. 쉽지 않더라도 아이가 스스로 마음을 돌보게 하는 연습이 꼭 필요합니다.

다양한 개성을 가진 아이들이 교실에 모여 다양한 활동을 하다 보면 다툼이 일어날 수밖에 없습니다. 서로에게 발전이 되는 의견을 나누다 감정이 격해져서 생기는 다툼일 때도 있지만 격한 몸싸움이 벌어질 때도 있습니다. 교사로서 이럴 때는 정말 난감합니다. 싸웠다고 무조건 야단칠 수도 없고 친구끼리 그럴 수도 있다며 넘어갈 수도 없기 때문입니다. 이럴 때 제가 가장 많이 사용한 방법이 아이들을 '잠시 멈춤' 하도록 하는 것입니다. 마음에 집중하는 시간을 주는 것만으로도 아이들의 감정이 가라앉는 것을 느낄 수 있습니다.

아이들도 잠시 멈추면 스스로 스트레스를 받고 있다는 것을 깨닫고 자신을 둘러싸고 있는 상황에 대해 생각합니다. 엄마가 아이의 마음을 바꿔줄 수 있다면 좋겠지만 아무리 엄마라도 마음을 바꾸는 능력은 없습니다. 마음의 빨간불을 끄는 것은 아이 스스로 해야 하는 일입니다.

마음의 초록불 켜기

마음의 빨간불을 끄고 나면 초록불로 바꿔야 합니다. 감정이 가라앉은 아이에게 어떤 일이 있었는지 들으며 공감을 해주세요. 그리고 왜 마음이 힘든 것인지, 이런 일이 또 생기지 않게 하려면 어떻게 해야 할지 생각해보게 합니다. 부모가 방법을 제시하는 것이 아니라 해결책을 아이의 마음에서 꺼내야 합니다. 아이 스스로 꺼낸 해결책은 다른 사람이 제시하는 것보다 훨씬 효과적이고 강력합니다. 아이의 책임감이 묻어 있기 때문입니다.

교실에서도 교사가 제시한 규칙보다는 아이들이 직접 내놓은 규칙을 더 잘 지킵니다. 얼마 전 반의 학급규칙을 정하는 회의에서 '마스크 똑바로 쓰기'에 대한 방법을 논의했습니다. 마스크를 똑바로 쓰지 않는 친구는 오늘의 영어 단어를 5번씩 쓰는 벌칙(?)을 수행하기로 결정했습니다. 그리고 마스크를 잘 썼는지 감시하는 역할도 돌아가면서 하기로 했습니다. 여기서 제가 한 일은 아이들이 정한 규칙과 벌칙을 교실 잘 보이는 곳에 붙여준 것밖에 없습니다. 그 후 아이들은 스스로 철저하게 규칙을 지켜나갔습니다. 자신들의 생각을 담은 규칙에는 애착을 가지고 지키려고 애쓰며 규칙을 어겼을 때 더 엄격하게 판단했지요. 규칙을 어기는 것을 스스로 체크하고 어겼을 때의 불이익을 같이 감수하면서까지 말입니다.

아이의 마음을 다독이고 초록불을 켜는 법

아이가 식당에서 뛰어다니다가 다른 테이블의 접시를 엎었습니다. ㅁㅁ엄마는 "너는 맨날 그렇게 나쁜 짓만 골라서 하냐. 너 때문에 부끄러워 죽겠다."라고 하는 반면 △△엄마는 "식당에서 뛰어다니다가 접시를 깨뜨려서 엄마가 많이 놀랐어. 식당에서 뛰어다니면 안 되잖아. 어서 가서 사과하고 와."라고 말했습니다.

똑같은 상황에서 두 엄마의 반응이 다르지요. ㅁㅁ엄마의 말에 아이는 수치심과 자책감을 느낍니다. △△엄마의 말을 들은 아이는 자신의 행동을 반성하게 됩니다. 아이를 키우면 겪어보았을 이런 상황에서 어떤 반응을 보였는지 한번 돌아보세요. 머리로는 어떻게 말을 해야 하는지 잘 알고 있습니다. 하지만 아이와 보내는 생활에서 늘 이성적으로 대하기는 어렵지요. 매일 갈등이 벌어지고 옥신각신하며 많은 에너지를 쓰게 됩니다. 물론 저 역시도 그렇고요. 아이는 부모가 어떻게 반응하는지에 따라 상처를 받기도 하고 위로받거나 힘을 얻기도 합니다. 아이에게 힘이 되는 반응은 어떻게 해야 할까요?

마음의 불빛을 바꾸는 3단계 초록빛 솔루션

아이의 감정이 격해졌을 때 아이를 다그치거나 감정을 부정하지 말고 공감해주고 스스로 해결방법을 찾도록 이끌어주세요. 아이는 자신의 감정을 긍정적으로 인식하고 스스로 조절할 수 있게 됩니다. 아이의 마음을 위로하는 반응을 3단계로 알아보겠습니다.

1단계는 8초 동안 안아주는 것입니다. 아무 말 없이 아이를 안아주는 것은 아이에게 오롯이 위로를 받는다는 느낌을 줍니다. 그 순간 화나 분노가 사그라들거나 자신이 사랑받는 존재라는 것을 느낍니다. 딸이 6살 때 좋아하는 동영상을 계속 보겠다고 떼를 써서 아빠에게 혼이 났습니다. 설움에 북받쳐 대성통곡을 하다 "엄마, 내 마음 좀 진정시켜줘."라며 저에게로 왔습니다. 그래서 아무 말 없이 딸아이를 안아주었습니다. 안겨있던 딸 아이는 제게 자기의 마음을 털어놓았습니다. 아이를 안아주는 것이 쉬운 일 같지만 막상 돌아보면 안아준 일이 생각보다 많지 않을지 모릅니다.

2단계는 그저 공감해주는 것입니다. 긍정적인 감정이나 부정적인 감정 모두 편견 없이 공감해주어야 합니다. 아이가 친구와 싸워 "○○이가 미워 죽겠어요."라는 말에 "친구를 그렇게 생각하면 안 돼."라는 부정적인 반응을 보인다면 아이는 자신의 감정을 숨기거나 수치심을 느끼게 됩니다. 이러한 경험이 반복되면 아이가 감정을 솔직하게 표현하지 못하게 만듭니다. 그러므로 아이가 표현하는 감정들은 공감해주는 것이 우선입니다. "○○이가 미워 죽겠어요."라고 말하면 "우리 △△가 친구가 많이 밉구나. 엄마도 예전에 친구랑 싸웠을 때 엄청 미웠었어. 그래도 화해해서 지금은 잘 지내고 있어."라고 자신의 경험을 빗대어 조언해주면 동질감을 느끼며 조언을 쉽게 받아들입니다.

3단계는 해결방법을 스스로 찾아보도록 도와주는 것입니다. 이럴 때 아이들에게 친구와 왜 싸우게 되었는지, 자신은 어떤 행동을 했는지 물어보면 아이는 스스로 상황을 되돌아보게 됩니다. 처음에는 자신이 억울한 부분과 화가 난 마음에 가득하지만 되짚어보면 자신의 행동에서 잘못된 점을 찾고 더 나아가서는 상대방의 마음을 이해해보려고 노력합니다.

　가끔 학원에 가기 싫다며 우는 소리를 하는 아이들이 있습니다. 그러면 이 아이들에게 어떤 학원을 다니는지 학원에서 무엇을 배우는지, 학원을 왜 다니게 되었는지에 대해서 차근차근 물어봅니다. 처음에는 학원에 대해 나쁜 점만 이야기하다가도 점점 태도가 변하는 것을 볼 수 있었습니다. 시험이나 강도 높은 과제가 단점이긴 하지만 학원에서 아이들과 보내는 시간이 즐겁고 학교에서뿐만 아니라 학원에서 배운 것으로 잘하게 된 부분이 있다는 것을 깨닫는 것이지요.

　아이와 스트레스를 받는 상황에 대해 이야기를 나누면 많은 아이가 자신의 마음 안에서 답을 찾습니다. 그저 조금만 마음을 가라앉히도록 도와주고 그 상황을 되짚어보게 한다면 스스로 해결할 수 있습니다. '어떻게 하는 것이 좋을까?' 하고 물은 뒤 기다려주면 아이가 스스로 해결방법이나 올바른 행동을 찾아냅니다. 해결방법을 찾기 어려워한다면 '이 방법과 저 방법 중에 어떤 게 좋을 것 같니?'라고 두 가지 이상의 해결방법을 제시하여 선택할 수 있도록 하는 것도 좋습니다. 아이들은 스스로 고민하고 답을 찾아가는 과정을 통해 긍정적인 생각과 태도를 가지게 됩니다.

아이에게 필요한 엄마의 말

아이뿐만 아니라 부모님도 멈춰야 할 때가 있습니다. 부모도 사람인지라 피곤하고 신경 쓸 일이 많아 예민한 날이 있지요. 그런 날에는 아이의 사소한 행동으로도 화가 날 때가 있습니다. '얘가 왜 이러지? 왜 이렇게 하지?'라고 생각하며 감정적으로 대응하게 됩니다. 이럴 때 아이는 부모의 감정 쓰레기통이 아니라는 것을 생각해야 합니다.

저도 가끔 딸에게 아이의 잘못을 비난하거나 짜증을 부릴 때가 있습니다. 그리고 돌아서서 생각해보면 그날은 힘들었거나 일이 잘 풀리지 않아 신경이 곤두서있었습니다. 제가 힘들어서 딸에게 화풀이를 한 것입니다. 이로 인해 딸이 풀 죽어있는 모습을 보거나 "엄마 미워."라는 소리를 듣고 나서야 후회한 적이 많습니다. 한번 새겨진 상처는 잘 달래고 약을 발라주어도 자국이 남더군요. 스스로 감정을 인식하지 못하고 딸에게 상처를 줬던 자국들을 들춰낼 때마다 뼈저린 반성을 합니다.

아이가 들은 부정적인 말은 아이의 자존감을 낮게 만들고, 오히려 반항심에 잔소리를 들을 행동을 하게 만듭니다. 긍정적인 관심을 끌기 어려우니 부정적인 관심이라도 끌어보려고 하는 것입니다. 너무 화가 나서 아이에게 상처가 될 말을 하기 전에 조금만 마음을 가다 듬을 시간을 가져보는 것이 좋습니다. 시간이 조금만 지나면 서로에 게 큰일이 아닐 때가 많습니다.

아이의 공부가 기대에 못 미칠 때도 많이 불안합니다. 그럴 때 '이 거 밖에 못 하니?'라는 비난하는 말보다 노력한 부분을 먼저 격려해 주세요. 공부에 대해 스트레스가 없는 아이는 없습니다. 공부에 관 심이 없어 보이는 아이도 상담을 하다 보면 마음속에 공부에 대한 열망이 있고, 잘하고 싶다는 의지를 가지고 있습니다. 아이의 의지 를 격려하고 북돋아주어야 합니다. 그런 격려가 아이를 춤추게 할 수 있습니다.

아이의 행동이 이해되지 않고 문제행동을 보이면 마음이 꽤 답 답합니다. 하지만 아이가 문제행동을 하는 데는 모두 이유가 있습 니다. 그 이유는 상황에 따라 다르겠지만 대화를 하다 보면 실마리 를 찾을 수 있습니다. 아이들은 자신의 이야기에 귀 기울여주는 것 을 좋아합니다. 말수가 적고 내성적인 아이라도 자신에게 관심을 갖 고 궁금해하면 마음의 문을 열고 이야기를 털어놓습니다. 그리고 자 신의 이야기를 털어놓으면서 교감을 합니다. 아이와의 교감이 자주 이루어질수록 아이와 신뢰가 쌓입니다. 어린 시절부터 쌓은 신뢰는 아이가 자라면서 더욱 빛을 발합니다. 하루 5분 틈새 시간을 이용해 아이와 대화를 나누고 교감하는 시간을 가져보세요.

· 3장 ·

흐트러진 일상을
세우는 운동 루틴

운동화 신은 뇌는 다르다

학교에 오면 수업 시간 동안에는 꼼짝없이 앉아있어야 합니다. 수업 시간 40분 동안 자기 자리에 앉아 공부하는 것 또한 연습이기 때문입니다. 이 규칙은 움직임 욕구가 활발한 아이들에게 심적인 부담과 긴장감을 줍니다. 그래서 수업 시간에 앉아있는 것이 아직 익숙하지 않은 1학년들은 수업 시간에 돌아다니거나 뜬금없이 교탁으로 나와 자신의 이야기를 하기도 합니다. 아이들에게 수업 시간에 자리에 가만히 앉아있는 것은 엄청난 고난입니다.

그래서인지 쉬는 시간만 되면 복도는 아이들의 전력 질주 달리기장이 됩니다. 예나 지금이나 학교에서 지켜야 할 중요한 규칙 중 하나가 '복도에서 뛰지 않기'인 것은 이유가 있지요. 아이들에게 힘들게 뛰라고 시키는 사람도 없는데 왜 그렇게 뛰는 것인지 궁금해서 물어보면 대답은 "그냥요."라고 합니다.

아이들에게는 '움직임 욕구'가 있습니다. 움직임 욕구란 움직이면서 자신을 표현하고 의사소통하는 욕구를 충족시키려는 마음입니다. 때문에 체육 시간이 제일 좋다고 말하는 아이들이 많습니다. 신기하게도 집에서는 움직이는 걸 싫어하는데 학교에서는 체육활동을 좋아하는 아이들도 있습니다. 집에서는 신체 활동을 할 만한 공간이 없고 혼자서 할 수 있는 신체놀이가 없다 보니 게임이나 스마트폰 사용을 하며 시간을 보내는 것을 익숙하게 느낍니다. 하지만 학교에서는 안전하게 움직일 수 있는 넓은 공간과 같이 운동할 수 있는 친구들이 있어 더 많이 뛰고 더 많은 에너지를 표출합니다.

몸을 움직이는 일의 장점

초등학교 시절 운동을 몸에 익숙하게 만드는 것은 매우 중요합니다. 운동을 통해 친구들과 친밀감이 형성되고, 관계도 향상되면서 건강한 몸과 사회성이 발달합니다. 교실에서 운동을 잘하면 친구들에게 인정을 받고, 인기도 얻습니다. 반장 선거할 때 친구가 운동을 잘하기 때문에 반장으로 뽑는다는 아이들도 꽤 있습니다. 그렇다고 운동을 못 하거나 좋아하지 않는다고 해서 친구가 없는 것은 아닙니다. 운동을 못 한다고 다른 아이들을 무시하거나 면박을 주는 아이들은 아무리 운동능력이 뛰어나도 친구들에게 인정받을 수 없기 때문입니다. 이렇게 운동을 통해 배우는 관계는 긍정적인 사회적 경험이 되어줍니다.

몸을 이용하여 움직이고 자신의 생각을 표현하는 활동은 아이가 성취감이나 만족감을 느낄 수 있도록 해줍니다. 유행하는 노래와 춤을 따라 하며 자신을 표현하는 경험은 자신감과 자존감을 높이는 데 큰 영향을 주지요. 또 한바탕 몸을 움직이고 나면 스트레스가 풀리면서 욕구가 충족되어 다음 활동을 몰입할 수 있게 하는 활력이 생겨납니다. 또 유산소 운동을 하고 나면 몸에 산소들이 충분히 공급되면서 뇌에도 집중할 수 있는 조건이 만들어집니다. 운동은 학습 능력을 높여주고 창의성과 문제 해결력에도 긍정적인 영향을 끼칩니다. 꾸준한 운동은 아이들에게 건강한 몸과 마음을 유지하게 하여 건강하고 성공적인 삶은 살아가도록 해줍니다.

코로나19로 인해 학교에서 체육활동을 하기 어려워졌고 집에는 안전하게 뛰어놀 수 있는 공간이 없습니다. 대부분 아파트에 사는 경우가 많아 이웃에게 피해를 주지 않으려 조심해야 하지요. 때문에 아이들이 쉽게 컴퓨터 게임이나 스마트폰을 사용하면서 신체 활동은 급격히 줄어들었습니다. 스트레스 해소나 욕구 충족이 되지 않으니 심리적인 답답함을 느끼거나 심지어는 공격성을 보이기도 합니다. 여기에 불규칙적인 생활과 나쁜 식습관까지 더해져 비만이 되는 친구들도 있습니다.

무너진 일상을 회복하기 위해 바른 식습관과 규칙적인 운동이 어느 때보다 중요한 때입니다. 상황이 여의치 않다고 그저 손 놓고 있을 수만은 없습니다. 아이들이 매일 틈새루틴으로 할 수 있는 운동이 무엇인지 알아보겠습니다.

루틴은 근육이다

하교 시간 교문 앞에는 '축구 교실', '수영 교실', '태권도' 간판을 단 노란 학원 차량들이 줄줄이 서 있습니다. 사실 운동을 학원에서 배워야 한다는 것이 아직도 낯섭니다. 제가 어릴 때만 해도 골목길에서 술래잡기, 무궁화 꽃이 피었습니다 등을 하면서 해질녘이 되어서야 집에 들어가고는 했습니다. 운동량이 부족하기는커녕 넘쳤습니다. 하지만 요즘은 예전처럼 밖에 나가서 친구들과 놀 수 있는 환경이 아닐뿐더러 코로나19 때문에 더 어려워졌습니다. 그래서 아이들의 신체 활동을 위해 이곳저곳에 데리고 다니거나 달리기, 수영, 등산 등을 가르칩니다. 하지만 이런 운동은 멀리 가야 하거나 특별한 도구들이 필요하기 때문에 꾸준하게 아이 혼자 실천하기에는 무리가 있습니다.

언제 어디서나 할 수 있는 운동 찾기

시간과 장소에 구애받지 않고 특별한 기구나 타인과의 접촉 없이 할 수 있는 운동이 있을까요? 있습니다. 바로 줄넘기입니다. 혼자 할 수 있고 준비물도 줄넘기 하나면 됩니다. 시간과 장소에 구애받지 않고 할 수 있습니다.

줄넘기는 장점이 많습니다. 먼저 유산소 운동으로 몸의 신진대사를 활발하게 해주어 온몸에 영양소를 골고루 흡수시키고 노폐물까지 배출시킴으로써 비만 예방에 도움을 줍니다. 특히 개인 면역력이 중요해진 요즘 기초체력이 길러지면서 신경계가 발달하고 면역력이 길러집니다. 그리고 줄을 넘기 위해 뛰는 동작은 아이들의 성장판을 자극하면서 키 성장에도 효과가 있습니다.

또한 줄넘기는 스스로 반복연습을 하고 자신에 맞는 단계 동작에 도전하는 운동이기 때문에 자신감과 성취감을 느낄 수 있도록 해줍니다. 운동을 잘못하는 아이들은 운동에 대한 실패 경험이 많아 열등감이나 부정적인 자아개념이 생기기 마련입니다. 하지만 자신의 수준에 맞는 줄넘기 단계를 연습하면 운동에 대한 성공 경험은 자신감과 자존감을 높일 수 있습니다.

　입학한 1학년은 신체발달 단계상 협응력이 발달되지 않아 대부분 줄넘기를 잘하지 못합니다. 하지만 한 학기가 끝날쯤이면 대부분의 아이들이 줄넘기를 할 수 있게 됩니다. 아침 활동이나 체육 시간에 줄넘기 연습을 꾸준하게 한 덕분입니다. 노력하면 누구나 할 수 있다는 장점을 가졌기 때문에 유치원에서부터 줄넘기 연습을 시키거나 학교에서는 줄넘기 인증제를 실시하기도 합니다.

　최근에는 줄넘기가 지루하고 딱딱하다고 느끼지 않게끔 다양한 형태로 보급하고 있습니다. 발목줄넘기, 무선줄넘기, 단체줄넘기, 음악줄넘기 등 기존의 단순한 형태의 줄넘기에서 벗어나 흥미 위주의 줄넘기도 많습니다. 음악줄넘기는 음악에 맞춰 다양한 동작으로 줄을 넘으며 표현하는 줄넘기로 실제로 아이들이 굉장히 재미있어 합니다. 좋아하는 음악에 맞추어 춤을 추듯 다양한 동작들을 박자에 맞게 줄을 넘기 때문에 지루해할 틈이 없습니다. 단체줄넘기는 서로 협력하고 도와주기 때문에 친밀감 형성과 공동체 의식이 형성되면서 사회성을 기를 수 있습니다.

　그러면 줄넘기를 잘하기 위해서는 무엇이 중요할까요? 당연히 꾸준한 연습입니다. 리듬감과 운동신경이 좋은 친구들은 처음하는 동작도 곧잘 해냅니다. 하지만 꾸준히 연습하지 않으면 어려운 동작으로 갈수록 포기하거나 자신감을 잃어버립니다. 반대로 처음에는 잘 못했지만 계속 연습하고 도전한 친구들은 동작이 어려워져도 포기하지 않습니다. 아주 낮은 단계부터 포기하지 않고 끝까지 시도하면서 어려운 동작을 성공한 경험이 있기 때문입니다.

아이들의 루틴도 마찬가지입니다. 아이들의 루틴을 잡아보겠다고 갑자기 몇 시간씩 운동을 시키거나 휴식을 못하게 하는 것은 아이들의 부정적인 인식과 반감만 생길 뿐입니다. 매일 꾸준히 아이가 할 수 있는 루틴으로 조금씩 늘려갈 때 아이들의 생활을 변화시킬 수 있습니다. 중간에 여가와 휴식을 더해 아이의 스트레스가 쌓이지 않게 하는 것도 중요합니다. 여러 가지 면에서 루틴을 만드는 일은 근육을 만드는 것과 비슷합니다. 그러면 줄넘기도 틈새루틴으로 만들어 실천할 수 있는 방법을 알아보겠습니다.

다양한 줄넘기 방법으로 아이의 흥미 더하기

단순해 보이는 줄넘기도 난이도에 따른 단계가 있습니다. 줄넘기를 아무 규칙 없이 반복적으로 뛰는 것은 빨리 지치게 만듭니다. 그래서 시작하기 전 아이의 줄넘기 능력을 점검해보는 것이 필요합니다. 먼저 아이와 집 주변에서 멀지 않으면서 안전하게 뛸 수 있을 만한 곳을 찾아봅니다. 요즘은 주택보다는 아파트에서 생활을 많이 하기 때문에 놀이터나 아파트 건물 옆 공터면 충분합니다. 장소를 찾았다면 줄넘기 줄의 길이가 아이에게 알맞은지 체크해야 합니다. 줄넘기 줄을 발로 밟고 위로 당겼을 때 허리까지 닿는 길이가 가장 알맞습니다. 너무 길거나 짧으면 줄넘기를 할 때 어려움을 느낄 수 있기 때문입니다.

줄넘기를 하기 전 준비운동을 합니다. 운동을 시작할 때 근육이나 인대가 놀라지 않도록 신호를 주는 것입니다. 손목과 발목을 충분히 돌려주고 근육을 미리 당겨주면 큰 부상을 방지할 수 있습니다.

처음 줄넘기를 할 때는 아이가 횟수를 생각하지 않고 편하게 하게 합니다. 줄넘기를 익숙하게 잘하는 아이도 있지만 줄을 넘기는 것에도 어려움을 느끼는 아이도 있습니다. 신체발달에 따라 다를 수 있으므로 실망하지 않아도 됩니다. 줄넘기를 하지 못하는 경우는 왜 못하는지 잘 살펴봐야 합니다. 점프가 되지 않는다면 따로 점프연습을 하고, 점프는 잘 되는데 줄을 돌리지 못하는 경우에는 손목 회전을 위하여 줄넘기 손잡이만 돌리는 연습을 합니다. 기본 줄넘기는 고난이도의 동작이 아니기 때문에 원인을 살펴보고 조금만 노력하면 누구나 잘할 수 있습니다.

줄넘기를 넘지 못해 흥미를 잃는다면 엄마와 2인 줄넘기를 하면서 연습해보세요. 엄마의 수고로움이 필요하지만 같이 한다면 아이도 흥미를 잃지 않고 엄마도 운동할 수 있는 시간을 확보하게 됩니다. '두 발 모아 앞으로 줄넘기(기본줄넘기)'를 잘한다면 1분에 몇 회를 하는지 측정해봅니다. 횟수는 연습하면서 늘어나기 때문에 편하게 아이가 할 수 있는 만큼만 측정하도록 합니다. 이때 측정된 횟수에 따라 아이에게 맞는 하루 5분 줄넘기 루틴을 만들 수 있습니다. 1분에 30회를 한 아이의 틈새루틴을 만드는 방법은 다음과 같습니다.

처음 1분은 준비운동을 합니다. 다음 3분 동안은 기본동작인 '두 발 모아 앞으로 줄넘기'를 30개씩 3번 반복하여 총 90개를 목표로

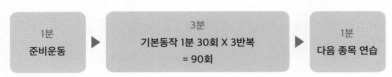

하루 5분 줄넘기 루틴 예시

단계	종목
1	두 발 모아 앞으로 줄넘기
2	한발씩 번갈아가며 뛰기
3	좌우 벌렸다 붙여 뛰기
4	좌우앞뒤로 벌렸다 붙여 뛰기
5	가위바위보 뛰기
6	넓적다리 들어 뛰기
7	앞으로 흔들어 뛰기
8	옆으로 흔들어 뛰기
9	내어 뛰기
10	엇걸었다 풀어 뛰기
11	2단 뛰기

줄넘기 단계별 종목

정합니다. 그리고 나머지 1분은 난이도가 높은 다음 종목인 '한발씩 번갈아 가며 뛰기'를 연습합니다. 루틴을 만들 때 줄넘기 단계별 종목을 참고하면 도움이 됩니다.

루틴이 어느 정도 몸에 익었다면 난이도와 횟수를 올리는 것이 필요합니다. 이때 중요한 것은 아이가 다음 단계에 대해 두려움을 느끼거나 거부감이 들지 않을 정도로 조금씩 난이도를 높여야 합니다. 오늘 1분에 30회씩 3번을 했다면 그다음은 1분에 31회씩 3번을 하는 등 아이가 해볼 만하다는 생각할 만큼만 횟수를 올려봅니다.

줄넘기 틈새루틴은 누구나 할 수 있을 정도로 간단합니다. 루틴은 만드는 것보다 실천하는 것이 더 중요합니다. 하루 이틀만 하고 그만두지 않도록 지속하게 하는 힘을 길러주세요. 행여라도 '5분만 해서 운동이 되겠어?'라고 생각해 무리하게 루틴을 만들면 금방 지칩니다. 줄넘기는 계속 뛰어야 하는 연속적인 동작이므로 5분만 뛰어도 온몸에 땀이 날 정도로 강도가 있는 운동입니다.

줄넘기 루틴을 꾸준히 실천하게 하기 위해서 보상을 주는 것도 좋습니다. 한 달 동안 매일 줄넘기 루틴을 성공했을 때 아이가 원하는 선물을 주거나 10일 연속으로 성공하면 작은 소원을 들어준다는 등의 약속이 있으면 아이는 동기부여가 됩니다. 또는 가정에서 줄넘기 급수제를 실천하여 보상해줄 수도 있습니다. 줄넘기 급수 판정 기준을 보면 학년 별로 도전해야 할 종목이 분류되어 있습니다. 제한시간 동안 횟수를 측정해 등급을 나눕니다. 학년이 올라갈수록 종목의 난이도가 높아지고 급수별 횟수도 많아집니다. 아래 표를 참고하여 도전해보세요.

처음에는 보상이라는 외적 동기로 시작했을지 몰라도 아이들이 목표를 성공했다는 성취감을 느끼면 내적 동기도 만들어집니다. 이런 작은 성취들은 보상이 필요 없을 만큼 아이 스스로 실천하게 하는 원동력이 됩니다.

학년	종목	등급						비고
		1급	2급	3급	4급	5급	등급없음	
1	두발 모아 앞으로 줄넘기	41이상	31~40	21~30	11~20	6~10	1~5	제한시간 1분
2	두발 모아 앞으로 줄넘기	41이상	31~40	21~30	11~20	6~10	1~5	제한시간 1분
	한발씩 번갈아가며 뛰기	41이상	31~40	21~30	11~20	6~10	1~5	
3~4	한발씩 번갈아가며 뛰기	101이상	81~100	61~80	41~60	21~40	0~20	제한시간 2분
	뒤로 줄넘기	71이상	61~70	51~60	41~50	21~40	0~20	
	팔 엇갈렸다 풀면서 줄넘기	51이상	41~50	31~40	21~30	11~20	0~10	
5~6	뒤로 줄넘기	91이상	76~90	61~75	46~60	21~45	0~20	제한시간 2분
	팔 엇갈렸다 풀면서 줄넘기	71이상	61~70	51~60	41~50	21~40	0~20	
	2단 줄넘기	20이상	16~20	12~15	9~12	5~8	0~4	

○○초등학교의 줄넘기 급수 판정 기준

· 4장 ·

아이의 바쁜
아침을 도와주는
아침 루틴

성공적인 하루를 여는 문

아침의 교실은 엄마에게 잔소리를 듣고 와서 시무룩해 있는 아이, 늦게 자서 피곤해하는 아이, 싱글벙글하고 있는 아이 등 다양한 표정을 하고 있는 아이들을 만날 수 있는 곳입니다. 아이들의 아침 컨디션이나 감정은 하루를 좌우하기 때문에 가장 먼저 아이들을 살펴봅니다. 아침에 겨우 일어나 잠이 덜 깬 채로 학교에 온 아이와 일찍 일어나 몸과 마음의 긴장을 풀고 준비된 채로 온 아이의 학교생활은 다를 수 밖에 없습니다.

교직 경험이 좀 쌓이고 나서부터 경험으로 터득한 시간표 원칙이 있습니다. 1교시는 국어, 5교시는 체육이나 음악을 주로 배치합니다. 아이들이 학교에서 보내는 시간이 길어질수록 집중력이 흐트러지고 체력이 떨어지기 때문에 집중을 요하는 수업을 오전에 배치하고 점심식사 후 5교시 수업은 아이들이 즐겁게 뛰어놀거나 자신을 자유롭게 표현하는 수업이 좋다는 것을 알게 되었습니다. 그래서 1교시는 주로 국어 수업으로 시작합니다. 국어 수업을 시작하기 5분 전에는 교과서를 꺼내 오늘 배울 곳을 살펴봅니다. 본격적으로 수업에 들어가기 전에 아이들이 선택한 책 한 권을 읽어줍니다. 매일 반복하다보니 수업 준비에서 책 읽어주기, 국어 수업으로 자연스럽게 넘어가도록 루틴이 만들어졌습니다. 물론 변화가 주는 설렘이나 기대도 좋습니다.

그러나 매일 지켜야 하는 루틴이 있을 때는 하루 일과를 예상할 수 있으므로 아이들이 주도적으로 행동할 수 있습니다. 이 루틴이 마음에 들었는지 아이들은 제각각의 루틴을 만들어 교실에서 실천하고 있습니다. 점심 먹고 운동장을 산책하는 루틴, 수학 수업 전 꼭 스포츠 스태킹(컵을 빠르게 쌓고 내리면서 스피드를 겨루는 스포츠) 연습하는 루틴 등을 말이죠. 한 학기가 지나자 우리 반 아이들은 스스로 계획을 가지고 루틴을 지키는 모습을 보여주었습니다.

성공한 사람들의 아침 루틴

성공한 사람들은 그들만의 아침 루틴을 가지고 있습니다. 오프라 윈 프리는 가난한 흑인 가정에서 태어나 마약 중독과 자살 시도까지 했던 청소년기를 보냈습니다. 하지만 그녀는 가장 성공한 미국의 토크쇼 진행자가 되었습니다. 그녀에게 무슨 일이 벌어진 걸까요? 그녀는 수렁에 빠져있었던 자신의 인생을 바꾸기 위해 아침에 20분간 명상을 하고 하루를 희망과 만족 등의 긍정적인 감정을 채운 후 심장을 뛰게 하기 위해 운동을 시작했다고 합니다.

아마존의 최고경영자이자 미국의 억만장자가 된 제프 베이조스는 CNBC 보도에서 매일 일찍 일어나고 일찍 자는 습관이 있다고 말했습니다. 일어나서 여유롭게 신문을 보고 커피를 마시며 충분한 휴식을 취하며 충전하는 시간을 갖습니다. 회사의 중요한 결정을 내리는 최고경영자로서 늘 고도의 집중력이 필요하기 때문에 최상의 컨디션을 유지하기 위해 매일 8시간의 수면 시간을 꼭 지킨다고 합니다.

대표적인 아침형 CEO로 유명한 정몽구 현대자동차그룹 명예회장 자택에는 '일근천하무난사一勤天下無難事'라는 문구가 걸려 있습니다. '부지런하면 세상에 어려울 일이 없다'라는 뜻으로 아침을 중요시하는 가치관을 보여줍니다. 성공한 CEO임에도 불구하고 아침 6시에 출근했다고 합니다. 현대그룹의 창업주이자 그 아버지인 故 정주영 명예회장도 새벽 4시에 일어나 5시에 출근했다고 하니 아침의 중요성을 물려준 좋은 예라고 할 수 있습니다.

조선 후기 학자인 다산 정약용은 새벽마다 마당을 쓸었다고 합니다. 마당을 쓸며 생각을 정리하고 자신만의 시간을 가진 것입니다. 마당 청소를 마친 후 일정한 공간에서 글을 쓰고 책을 읽었습니다. 일생을 아침마다 자신의 마음을 닦고 스스로를 돌아보는 일에 힘썼기에 후대를 위해 위대한 업적을 남길 수 있었을 것입니다.

게으르면서 성공한 사람은 없습니다. 운이 좋게 성공한 게으름뱅이도 성공을 유지하고 성장하려면 부지런해질 수 밖에 없습니다. 요즘 '미라클모닝'이 신드롬이라고도 할 정도로 많은 사람들이 미라클모닝에 도전하고 달라지는 하루의 경험을 공유하는 모습을 각종 SNS에서 볼 수 있습니다. 우리 아이가 하루를 더 알차게 보낼 수 있는 루틴을 조금이라도 일찍 몸에 익힐 수 있다면 좋지 않을까요? 아침을 바꾸는 것으로 아이의 인생이 달라질 모습을 떠올리면 가슴이 설렙니다.

매일 조금씩 꾸준하게

매일 아침에 일찍 일어나 최상의 컨디션을 유지하는 것이 쉬운 일은 아닙니다. 쉬운 일이었다면 아이들 모두 오프라 윈프리가 되고, 제프 베이조스가 되어 있을 것입니다. 어렵기 때문에 우리 아이들에게 더 필요합니다. 매일 꾸준하게 하루를 보내는 노력으로 특별한 삶을 만들어갈 수 있기 때문입니다.

코로나19로 평범한 일상이 흔들렸을 때 가장 큰 힘을 발휘했던 것은 그동안 쌓아왔던 일상의 힘이었습니다. 평소에 부지런하고 책임감을 가지고 행동하던 아이들은 온라인 수업을 하는 동안에도 흔들림 없이 자신의 일을 해내는 것을 볼 수 있었습니다. 하지만 주어진 일을 마지 못해 하거나 일을 미루던 아이들은 학교에서 '같이'의 힘이 없어졌을 때 일상이 완전히 흐트러졌습니다. 아침에 일어나지 못해 온라인 수업에 늦거나 못 들어오기 일쑤였고, 과제는 밀려 감당하지 못할 정도로 쌓여 허덕였지요. 제시된 과제 동영상도 끝까지 보지 않고 바로 넘어가거나 동영상을 틀어놓고 딴짓을 하기도 했습니다. 시간에 쫓기며 시작된 하루를 보람차고 행복하게 보내기는 어렵습니다.

우리 아이의 아침은 변화가 필요합니다. 아이가 내일 갑자기 새벽 4시에 일어나서 신문을 읽어야 한다는 것이 아닙니다. 아이가 아침에 일어나서 할 수 있는 작은 행동을 실천하도록 도와주세요. 예를 들어 아이가 7시 40분에 일어난다면 하루에 1분씩만 당겨서 7시에 일어나는 루틴을 만들어보는 것이지요. 우리의 뇌는 급작스러운 변화를 싫어하기 때문에 갑자기 1~2시간씩 일찍 일어나려고 하면 받아들이지 못합니다. 더 피곤하기만 하죠. 뇌가 변화를 느끼지 못할 정도로 아주 조금씩 변화하는 것이 중요합니다.

아침 루틴을 만들 때 중요한 점

저도 '아침에 일어나는 것은 불가능해'라고 생각하는 저녁형 인간이었습니다. 하지만 생활의 변화가 필요했고 그러기 위해서는 아침 시간을 활용할 수 밖에 없었습니다. 7시에 일어나던 기상 시간을 하루에 1분씩 당기기 시작했고 지금은 새벽 4시에 일어나고 있습니다. 1년 넘게 실천하자 이제는 자연스럽게 아침을 일찍 시작할 수 있게 되었습니다. 그리고 그 기록을 아이들이 등교하기 전 사용하는 자가진단 앱에 남기고 있습니다. 이런 도전을 SNS처럼 타인이 볼 수 있는 공간에 기록을 남기는 것은 중요합니다. 누군가 나의 기록을 지켜본다는 것이 행동을 지속하게 하는 원동력이 되기 때문입니다.

새벽에 일어나서 할 일을 정해놓으면 결정에 들어가는 에너지를 줄일 수 있습니다. 아이들도 어른과 같이 하루에 낼 수 있는 에너지는 정해져 있습니다. 무한정 에너지를 낼 수 있는 아이는 없습니다. 완벽함을 추구하는 성실한 아이들은 어떤 행동을 하려고 할 때 무엇을 할지 결정하느라 많은 에너지와 시간을 쏟는 모습을 볼 수 있습니다. 그러므로 중요한 일에 에너지를 쓸 수 있도록 결정의 상황을 최소화해야 합니다. 이를 위해서는 루틴에도 순서가 필요합니다. 이 순서가 아침을 고민없이 풍성하게 만들어줄 것입니다.

최상의 컨디션을 만드는 방법

매일매일 행복한 기분으로 시작할 수 있다면 좋겠지만 그럴 수는 없겠죠. 그러면 적어도 부산스럽거나 목표 없이 시작하지 않도록 하면 어떨까요? 최상의 컨디션으로 만들어줄 수 있는 아침 루틴에는 어떤 것들이 있을지 알아보겠습니다.

아침마다 벌어지는 전쟁을 끝내는 법

아이의 아침을 최상으로 만드는 방법 중 하나는 알람을 맞춰놓고 스스로 일어나도록 하는 것입니다. 알람 소리를 들으며 스스로 일어나는 아이와 엄마가 흔들어 겨우 잠에서 깨어나는 아이는 다릅니다.

알람 소리를 들으며 깨는 것은 시간의 중요성과 '이 알람 소리를 놓치난다면 학교에 지각할 거야.'라는 결과를 스스로 생각할 수 있습니다. 또 아이가 알람 소리를 듣고 깨기 위해 일찍 잠자리에 드는 노력을 하게 되지요. 시간관리는 아이의 삶을 풍요롭게 만드는 데 있어 매우 중요합니다. 똑같은 시간을 허투루 쓰는 아이보다 금처럼 쓰는 아이가 이길 수밖에 없습니다.

· 아침에 일찍 일어나기

평소에 아침잠이 많아 흔들어 깨워야 겨우 일어나는 아이도 일찍 일어나는 날이 있습니다. 바로 현장체험학습 가는 날입니다. 그날은 아이가 학수고대하며 기다리던 날로 어떤 힘이 났는지 깨우지 않아도 새벽부터 일어나 '이거 싸달라, 저거 싸달라' 하며 온 집을 휘젓고 다닙니다. 아이는 자기가 기대하고 좋아하는 일을 하면 일찍 일어나게 됩니다. 이를 이용해 아이의 아침을 열어보세요. 일찍 일어나면 아이가 가장 좋아하는 일을 할 수 있게 해주는 것이지요. 레고 조립을 좋아한다면 아침에 일어나 레고를 조립하는 시간을 확보해주는 것입니다. 게임을 하고 싶어 한다면 게임도 허락해줍니다. '아침부터 무슨 게임이야.'라고 생각할 수 있지만 아침에 일찍 일어난다는 목표 달성 하나만 먼저 생각합니다.

아이도 아침에 자신이 좋아하는 게임을 하기 위해서라도 전날 일

찍 자려고 노력할 것입니다. 처음에는 게임만 하겠지만 한 번씩 책
도 펼쳐보게 되고, 이부자리도 정리하게 될 것입니다. 단, 여기서 주
의할 점은 아이에게 하루에 정해진 게임 시간이 있어야 합니다. 전
날 밤늦게까지 게임을 실컷 한 아이는 다음 날 아침에 일어나 게임
하는 것이 기대되지 않을 수 있기 때문입니다. 저는 TV 보는 것을
너무 좋아하지만 저희 집에는 TV가 없습니다. 그래서 저는 유튜브
를 보기 위해 조금 일찍 일어나기 시작했습니다. 밤에 볼 수도 있었
지만 자다가 제가 없으면 아이들이 줄줄이 따라 나왔기 때문에 아
침을 활용할 수밖에 없었습니다. 그렇게 일어난 새벽에 처음은 유튜
브만 보았습니다. 그러다 유튜브를 보며 실내자전거를 타게 되었고
어느샌가 새벽에 글을 쓰게 되었습니다.

• 매일 아침, 작은 성취 경험

자고 일어나면 아이 스스로 이부자리를 정리하게 합니다. 일어나
서 1분이면 자면서 흐트러뜨린 이부자리를 깨끗하게 정리할 수 있
습니다. '아이가 학교에 갈 준비하기 바쁜데 이부자리 정리 그까짓
것 엄마가 해주면 되지.'라고 생각할 수도 있습니다. 그러면 아이 옷
그까짓 것 입혀주면 되고, 양치 그까짓 것 해주면 되고, 신발 그까짓
것 신겨주면 됩니다. 그까짓 것이 한없이 늘어나 전쟁 같은 등교가
되어본 적이 있을 것입니다.

아이가 어렸을 땐 스스로 할 준비가 되어 있지 않기에 부모님의 도움이 필요합니다. 하지만 초등학생이 되었다면 스스로 하는 것에 도전해야 할 시기입니다. 우리 아이들은 이미 학교에서 씩씩하게 스스로 생활하고 있습니다. 쉬는 시간이 끝나면 자리에 앉아 수업 준비를 하고, 운동장 나갈 때 스스로 신발을 갈아신고, 점심식사 후 스스로 양치를 합니다. 그런데도 학교에서는 초등학생, 집에서는 유치원생인 아이들이 꽤 많습니다. 이런 성향의 아이들은 집에서도 스스로 해내는 성취 경험이 더 필요합니다. 이부자리 정리와 같이 매일 실천할 수 있는 작은 일을 스스로 할 수 있도록 하면 자연스럽게 성취감도 생기고 자립심도 키워집니다.

학교에 다녀오면 자기가 벗은 옷도 세탁기에 넣지 못하는 아이에게 너무 많은 것을 바라는 것이 아닐까 생각하겠지만 포기하기에는 이릅니다. 이부자리를 정리하는 습관이 배어 있지 않다면 자기 베개만이라도 정리하게 합니다. 이를 위해서 아이가 좋아하는 베개로 바꾼다든지 베개 밑에 아이가 좋아할 만한 선물들을 두는 등의 다양한 방법을 써봅니다. 베개를 제자리에 두었다는 것을 칭찬해주는 것만으로도 아이는 성취감을 느낍니다. 이 성취감이 쌓이면 이부자리 주변을 정리하는 것으로 자연스럽게 이어질 것입니다.

• 아침에 일어나 마시는 물 한 잔

아침에 일어나면 물을 한 잔 마시게 합니다. 아침에 마시는 물 한 잔은 아직 잠에서 온전히 깨지 못한 몸을 깨어나게 하고 혈액순환을 도와줍니다. 물 한 잔이 중요하다는 것이 의아할 수 있지만 종일 학교에 있으면서 물 한 모금 마시지 않는 아이들이 많습니다. 더워 보여 물을 마시라고 하면 그제야 생각난 듯 부모님이 정성스럽게 싸주신 물통을 꺼냅니다. 아이들은 생각보다 자기 몸에 관심이 없습니다. 아직은 크게 아픈 곳이 없고 아파도 금방 낫기 때문에 몸이 물이 필요한지 배가 고픈 건지 대변을 보고 싶은 건지 놓치는 경우들이 많습니다. 아침에 일어나 물 한 잔 마시는 작은 행동이 자신의 몸에 관해 관심을 가지게 하는 작은 시작이 됩니다.

• 오늘 할 일 생각하기

스스로 오늘의 할 일을 생각하게 합니다. 학교에서 음악 수업이 있으니까 리코더를 가져가고, 학교 끝나면 영어학원의 숙제는 했는지 등의 자기 점검을 하는 것이지요. 쫄래쫄래 엄마가 챙겨준 가방을 가지고 온 아이는 학교에 오자마자 무엇을 해야 하는지 몰라 멍하게 있는 경우가 있습니다. 행여라도 숙제를 하지 못해 꾸중을 듣게 되면 '엄마가 그냥 자라고 했어요, 엄마가 말 안 해 줬어요.'라며 엄마에게 탓을 돌리며 원망합니다.

아이들이 스스로 할 일을 생각하고 하루에 대한 책임감을 느끼도록 도와주어야 합니다. 크면서 해야 할 일들은 더 늘어나는데 이때마다 누군가를 탓하거나 실수였다고 할 수는 없습니다. 스스로 챙기지 못해 일어난 일에 대해서는 다른 사람 탓을 하기보다 스스로 안타까워하고 후회하는 것이 낫습니다. 이런 실수의 경험들 또한 실수를 반복하지 않게 하고 책임감을 키워줍니다.

오늘의 계획 세우는 법

계획을 세울 때는 약간의 도구가 필요합니다. 오늘 하루를 상상하기 위해서는 학교의 시간표와 학습지의 일정이나 학원 시간표도 필요합니다. 어른들도 캘린더나 스케줄러를 활용해서 일정을 관리합니다. 눈으로 보지 않으면 잊기 때문입니다. 마찬가지로 관심사도 많고 할 일도 많은 아이들이 일정을 잊는 건 너무나 당연한 일입니다. 그러므로 학교 시간표와 학원 시간표 등을 아이가 보기 좋은 곳에 붙여두는 것이 필요합니다.

그런 다음 "오늘 학교에 무슨 과목 들었어?"라고 물어봐주면 됩니다. 아이들은 학교에 오면 체육 수업이 들었는지 궁금해합니다. 그리고 자신이 좋아하는 수업이 있는지 힘든 수업이 있는지를 생각하면서 학교에서의 하루를 상상합니다. 아침에 이러한 과정들을 마음속으로 상상했다면 준비물이 없어 당황하거나 체육 수업이 있는데 불편한 옷을 입고 오는 등의 실수를 하지 않게 됩니다. 그러면서 자신 있고 계획적인 하루를 시작할 수 있는 계기가 됩니다.

마지막으로 아이의 목표를 글로 적게 하는 것입니다. 이루고 싶은 꿈도 좋고, 자신의 좌우명도 좋고, 갖고 싶은 물건도 좋습니다. 아이가 인생에서의 장기적인 목표를 정하고 그 목표를 이루기 위해서 노력한다면 정말 좋겠지만 큰 목표는 그만큼 많은 기다림이 필요합니다. 참을성이 약한 아이들에게는 그 기다림이 영영 오지 않을 것같아 포기하게 만드는 경우들이 있습니다. 그러므로 초등학생은 단기적인 목표를 세우는 것도 좋습니다.

아이들은 먼 미래를 보는 능력이 부족하기 때문에 장기적인 목표를 잊고 지내기 쉽습니다. 그러므로 매일 의지를 다지고 목표를 떠올리게 하는 것이 매우 중요합니다. 목표를 가장 쉽게 떠오르게 하는 방법은 손으로 직접 쓰는 것입니다. 매일 아침마다 자신의 목표를 글로 쓰면서 떠오르게 하는 아이는 자신을 돌아보고 무엇을 해야 하는지 생각하게 되므로 스스로 정한 목표에 한 발짝 더 다가서게 됩니다.

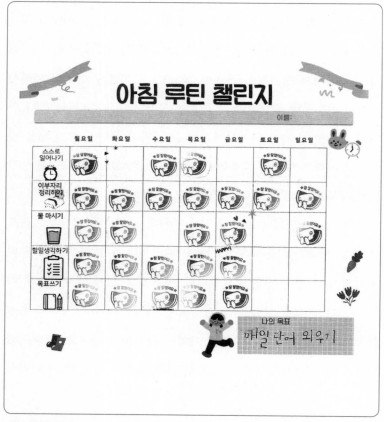

아침 계획표 예시

아이의 하루를 결정짓는 아침 5분

"혜인아, 오늘부터 아침에 알람 맞춰서 일어나면 이부자리 정리
해놓고, 물 한 잔 마셔야 해. 그런 다음 오늘 계획을 세우고 너의
목표를 글로 적어."

"왜?"

"아침을 잘 보내야 하루가 행복해지고 이런 하루들이 쌓이면 멋
진 인생이 될 거야."

"아, 그렇구나! 그러면 나도 해볼래!"

이 대화는 사실 상상 속에서 나올 법한 대화입니다. 만약에 아이
가 이런 반응을 보인다면 정말 부러울 정도로 목표의식을 가진 아
이인 것이 틀림 없습니다. 보통은 "싫어.", "안 해.", "하면 뭐 해줄 건
데?" 등의 반응이 나올 확률이 높습니다. 뭔가 거창해 보이지만 왠
지 실패할 것 같고 무엇보다도 왜 해야 하는지 모르기 때문입니다.

부모들은 항상 좋은 걸 해주고 싶어 하는데 아이들은 그 의미를
알지 못하고 거부할 때가 많습니다. 어렸을 때를 돌이켜보면 저 또
한 그랬습니다. 지금 아는 것을 그때 알았다면 도움이 많이 되었을
텐데 말이죠. 옆에서 세상 모르고 자고 있는 아이를 보면 어떻게 시

작해야 할지 막막한 마음이 들 것입니다. 하지만 항상 걱정보다는 어떻게 할 것인가가 더 중요합니다. 아이가 거부감을 느끼지 않게 '이 정도는 할 수 있어.'라는 자신감을 가지고 실천하도록 도와주면 됩니다.

아침에 일어나서 이부자리를 정리하고 물 한 잔 마시며 오늘의 할 일을 생각하면서 목표를 글로 쓰는 데 몇 분이 걸릴까요? 초등학생에게도 5~10분 정도면 충분합니다. 5분으로 아이는 매일 성취감을 맛보고, 자신의 몸과 마음에 관심을 가지며 책임감과 도전의식을 갖게 합니다. 아침의 틈새 시간을 채우는 루틴 5분은 아이의 하루를 행복과 보람으로 채우도록 만들어줍니다. 이런 행복하고 성공적인 하루들이 쌓이면 아이의 인생은 상상할 수도 없을 만큼 달라질 것입니다.

· 5장 ·

하루를 잘
마무리하게
도와주는 저녁 루틴

아이의 세 가지 저녁 활동

아이들이 하루 중 가장 좋아하는 시간은 언제일까요? 대부분의 아이들은 저녁을 좋아한다고 말합니다. 그 이유는 하루를 열심히 보낸 뿌듯함과 마음대로 시간을 보낼 수 있다는 자유로움을 느낄 수 있어서라고 합니다. 그렇다면 아이들은 어떻게 저녁을 보내고 있을까요?

저녁 시간에 하는 활동은 생활유지 활동, 여가활동, 학업활동으로 나눌 수 있습니다. 생활유지 활동은 일상을 유지하는 데 꼭 필요한 활동으로 저녁 식사, 목욕, 휴식 등이 있습니다. 저녁 시간의 대부분을 생활유지 활동이 차지합니다. 집에 돌아오면 손과 발을 씻고 입었던 옷과 물건들을 정리하고 저녁을 먹고 자기 방을 청소하는 등의 일을 해야 합니다. 집에서 규칙적으로 생활하는 아이들은 학교나 학원처럼 집 밖에서도 흐트러지지 않습니다. 때문에 가정에서부터 규칙을 정해서 실천하는 것이 중요합니다.

여가활동은 운동이나 문화활동, 취미활동 등이 있는데 아이들이 가장 좋아하고 하고 싶어 하는 활동입니다. 하지만 "TV 봤어요, 게임 했어요, 유튜브 봤어요."라며 질 높은 여가보다는 그저 아무 생각 없이 쉬는 시간으로 활용하고 있는 경우가 많습니다. 여가활동은 바빴던 하루의 스트레스도 풀고 여유를 가지며 휴식을 취할 수도 있지만 새로운 것에 도전에 해보는 의미 있는 활동도 필요합니다. 그래서 평소에 새로운 분야에 관심을 갖고 접해볼 수 있도록 다양한 경험을 만들어 주는 활동을 하면 좋습니다.

저녁에 하는 학업활동은 자기주도적으로 계획을 세워서 하는 공부보다는 학교나 학원 숙제 등 의무적으로 하는 것들이 많습니다. 물론 숙제도 중요하지만 학교 공부에서 자신의 부족한 부분이나 더 필요한 부분을 체크해서 자기만의 학습 계획을 세워 실천하는 것이 필요합니다. 모든 아이들의 학습 수준이 같지 않고 스스로 할 수 없어 부모님의 뜻에 따라 하는 경우가 많습니다.

저학년 때는 잘 해줬던 아이가 자기주도적인 공부로 넘어가지 못해 고학년이 되자 힘들어하면서 공부에 거리를 두는 모습을 보면 부모님들은 사춘기가 시작되었다고 생각합니다. 이때를 잘 지켜봐 주어야 합니다. 아이가 자기주도적인 공부로 잘 넘어갈 수 있으려면 부모님의 도움이 필요합니다. 아이의 의지도 물론 중요하고요. 부모님이 아이의 생활면이나 학습면에서 도움을 줄 수 있는 시기는 초 3~4학년 정도입니다.

이렇게 저녁시간의 활동들은 처음에는 부모님과 함께 하다가 시간이 흐르면서 점점 아이 혼자만의 시간으로 바뀌어갑니다. 여기서 혼자만의 시간은 고립이나 무관심이 아니라 자발적으로 자기 자신에게 집중할 수 있는 시간을 말합니다. 아이가 시간을 혼자 보내기 시작했다면 독립이 가까워졌다는 신호입니다. 그 시간에는 자신을 돌아보며 차분히 생각을 정리할 수 있습니다. 이 시간들이 스스로 생각하고 결정을 내리는 자기주도적인 아이로 성장하는데 밑거름이 됩니다. 그래서 저녁 시간을 잘 보내는 것이 중요합니다.

아침부터 저녁까지 어른들이 시키는 일들을 하기에도 벅차 저녁에는 무기력하게 누워 스마트폰만 하다가 하루를 마무리하게 할 수는 없습니다. 저녁 시간이야말로 자기 스스로 디자인해서 의미 있게 활용할 수 있는 시간이 될 수 있습니다. 먹고 씻는 생존유지 활동과 의미없는 여가활동, 시켜서 하는 학업활동만으로 채우기에는 너무 아까운 시간입니다. 하루를 마무리하면서 저녁 시간을 의미있게 보내는 루틴은 무엇일까요?

하루를 돌아보고 정리하는 힘

저녁이야말로 하루를 완벽하게 마무리할 수 있는 시간입니다. 그렇다면 하루의 마무리를 위해 초등학생들이 저녁에 할 수 있는 틈새루틴에는 무엇이 있을까요?

첫 번째로 밖에서 돌아오면 제일 먼저 하는 것이 가방을 벗어두는 것입니다. 그 가방 안에는 오늘 있었던 일의 흔적과 내일 할 일이 모두 들어 있습니다. 오늘 공부했던 책과 노트, 내일 챙겨야 할 안내장이나 과제가 들어 있기 때문입니다. 아이들이 자신의 가방을 미리미리 정리하면 좋을 텐데 저는 아이들의 가방의 관리가 소홀하다고 느낄 때가 많습니다. 가방 안에서 일주일이 지난 안내장과 구겨진 시험지가 발견되거나 유통기한이 한참 지난 우유가 나오기도 하니까요. 가방 정리가 되지 않는 아이의 사물함과 책상 속은 안 봐도 예상가능합니다. 책상 속의 공책을 꺼내려면 책과 필기도구들이 한꺼번에 쏟아져 나오고, 사물함에는 수업시간에 했던 활동지들이 구겨져 있기 일쑤입니다. 그러곤 학교에서 나눠준 단어 암기장이나 유인물이 필요할 때면 '잃어버렸어요.'라고 말합니다. 실수로 잃어버릴 수 있지만 이런 실수가 계속해서 반복된다면 행동의 수정이 필요합니다.

집에 돌아와 가방을 벗으면서 가장 먼저 해야 할 일은 가방에 무엇이 들어 있는지 확인하는 것입니다. 내일 가져가야 할 안내장, 숙제, 읽어야 할 책, 공부한 유인물, 간식으로 먹은 과자봉지 등이 있습니다. 이중에 버릴 것은 버리고, 다 쓴 공책이나 유인물은 바인더에 정리해 둡니다. 유인물이나 활동결과물은 가정에서 처치곤란인 경우가 많습니다. 간직하기에는 부족해 보이고 가지고 있기에는 양이 많아 며칠 쌓아두다가 결국엔 버리곤 하죠. 하지만 버리기 전 아이들이 집으로 가져온 활동지나 시험지는 보고 꼭 칭찬해주세요. 학교에서 시험을 치고 결과물이 나오면 아이들이 가장 많이 하는 질문이 "엄마 보여줘야 해요?"입니다. 시험 결과에 자신이 없다는 뜻입니다. 하지만 시험에서 만족할 만한 결과를 받은 아이들은 "이거 집에 가져 가도 되나요?" 하고 묻습니다. 자랑스럽게 내미는 시험지나 결과물은 대부분 칭찬을 기대하며 보여드리는 경우입니다(아이의 학습성취에 대해 가정에 알려야 할 때 시험지를 꼭 보여드리라고 하는 경우도 있긴 합니다). 결과가 썩 만족스럽지 않더라도 환하게 웃으며 칭찬해주세요. 부모님의 칭찬은 아이들에게 큰 동기가 되기도 합니다. 그러고 나서 아이에게 보관할 것인지 버릴 것인지 결정하게 합니다.

두 번째로는 아침에 계획했던 할 일 목록들을 잘 해냈는지 평가하는 것입니다. 아침에 할 일 목록들을 메모해 두었다면 더욱 도움이 됩니다. 계획을 세우는 아침도 중요하지만 계획대로 실천했는지 평가하고 실천하지 못했다면 그 이유에 대해 피드백을 하는 것도 중요합니다. 계획만큼 실천도 중요하기 때문입니다. 그리고 계획했던 일들을 잘 해냈다면 보상으로 휴식을 약속해두어야 합니다. 휴식이 필요 없는 아이는 없습니다. 하루를 열심히 보낸 아이들은 더 이상 생산적인 활동이 어렵거나 에너지가 고갈되기 마련인데 이때 휴식이 필요합니다. 휴식은 그저 쉬거나 빈둥거리는 것이 아닌 하루의 스트레스를 풀고 몸과 마음의 활력과 지속력을 얻을 수 있는 활동입니다. 그러므로 휴식도 계획하여 실천해야 합니다. 질 높은 휴식에는 독서와 명상, 취미활동이 있습니다. 유튜브 시청이나 게임도 아이들이 좋아하는 휴식활동이지만 시간을 흘려보내지 않도록 않게끔 도와주어야 합니다. 자신의 목표나 꿈과 관련된 유튜브 영상을 보거나 도전의식과 책임감을 키워줄 수 있는 게임을 하도록 말이죠. 그리고 무엇보다 중요한 것은 밤늦게까지 하지 않도록 체크해야 합니다. 늦게까지 자극을 받은 채로 잠자리에 들면 숙면을 취할 수 없어 수면의 질이 낮아집니다.

세 번째는 오늘의 하루 감사하는 마음을 가지며 감사일기를 쓰는 것입니다. 저도 처음에는 감사일기를 쓰는 것에 대해 큰 의미를 두지 않았습니다. 하지만 수업시간에 고마운 마음을 담아 편지를 쓰는 활동을 할 때마다 아이들은 무엇에 대해 감사해야 하는지 잘 모르겠다고 말하는 것을 보았습니다. 그래서 키워주시는 부모님, 공부를 가르쳐 주시는 선생님, 사이좋게 지내는 친구, 건강을 지켜주는 의료진, 맛있는 음식을 파는 가게 사장님 등을 말해주니 그제서야 우리 주변에 감사한 것들이 많다는 것을 깨닫는 것입니다. 감사도 연습이 필요합니다. 아이들에게 주어지는 것들이 당연하지 않다는 것을 알고 소중함을 느껴야 감사는 깊어집니다. 감사일기를 쓰면서 그 의미를 되새길 수 있습니다.

제가 마지막 교시 수업을 마치고 꼭 하는 일은 오늘 감사한 일을 한 가지씩 쓰게 하는 것입니다. 처음에는 아이들의 반응은 "뭘 써요?"였습니다. 하지만 시간이 흐르니 정말 사소한 것에도 감사함을 느끼는 것을 보았습니다. "나의 배를 부르게 해준 음식들에게 고마워.", "나를 똑똑하게 해주는 책들에게 고마워." 등의 글을 보면 절로 미소가 지어졌지요. 자신의 주변 모든 것들에게 관심을 가지고 감사한 마음을 가지며 생활하는 아이들은 행복해집니다.

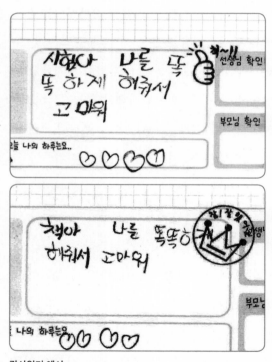

감사일기 예시

네 번째는 자기 전 아이와 함께 베갯머리 독서 활동을 하는 것입니다. 아침은 등교를 위한 전쟁터고, 저녁이 되면 집안일의 마무리를 위해 정신이 없어 가족이 서로를 위해 내어줄 틈이 없습니다. 그러다 보니 가족끼리 대화를 나누거나 서로 교감할 시간이 부족합니다. 시간이 없고 마음의 여유가 없어도 아이를 위해 잠깐의 틈을 내어주세요. 시간을 정해서 자기 전 아이에게 책을 읽어주며 아이와 눈을 마주치거나 쓰다듬어주면서 교감을 하는 것입니다. 이로 인해 하루동안 엄격하고 때로는 무심했던 부모에서 따뜻하고 자상한 부모로 돌아가게 됩니다. 여건이 되지 않아 아이를 살뜰히 챙겨주지 못해 미안함도 털어내고 아이의 독서 습관까지 동시에 잡아줄 수 있습니다. 베갯머리 독서에 대한 내용은 다음 장에서 자세히 살펴보겠습니다.

마지막으로 저녁을 하루의 마무리가 아닌 좋아하는 일로 새로운 시작을 만드는 것입니다. 일상에서 새로운 에너지를 불어 넣는 습관을 '리추얼'이라 부르는데, 이는 특별한 하루를 선물해 줍니다. 보통 저녁이 되면 에너지가 소진되어 새로운 일에 도전하는 것은 엄두도 내지 못합니다. 하지만 새로운 일에 도전하는 것은 에너지를 소모하는 일이 아니라 채우는 일이 될 수 있습니다. 예를 들어 좋아하는 유튜브를 그저 구독자로서 시청만 하는 것이 아니라 직접 시나리오를

짜서 촬영과 편집을 하는 활동들을 저녁 시간에 조금씩 도전해보는 것입니다. 저녁을 기다리면서 시작되는 '리추얼'로 하루가 풍요로워집니다. 새로운 일에 도전하는 것을 큰 마음을 먹고 하려다 보면 시작의 발걸음이 무거워져 시도가 어려워집니다. 가볍게 생각하고 조금씩 도전하면 부담감도 줄어듭니다.

· 6장 ·

스스로 책 읽는
아이를 만드는
독서 루틴

아이와 교감하고 독서 습관을 길러주는
베갯머리 독서

독서 습관은 하루 아침에 키워지는 것이 아니라 책에 대한 즐거운 경험과 꾸준한 독서 경험이 필요합니다. 문화체육관광부의 국민 독서실태 조사에 따르면, 성장 과정에서 책 읽어주기 활동이나 독서 권장, 주변의 독서에 대한 관심이 현재의 독서량을 결정하는 중요한 원인이라고 합니다. 특히 초, 중, 고 학생 시절 부모가 책을 자주 읽어준 경우에는 성인이 되어서도 독서량이 높은 것으로 나타났습니다. 아이가 어렸을 때는 재우면서 책을 읽어주지만 아이가 한글을 떼고 스스로 책을 읽기 시작하면 직접 읽게 합니다. 하지만 초등학교 때까지는 부모가 책을 읽어주는 것이 좋습니다. 어떠한 교감이나 교육보다도 책을 읽어주면서 형성되는 공감대와 교훈은 이로 말로 표현할 수 없기 때문이죠.

베갯머리 독서의 장점

베갯머리 독서는 취침 전 베개에 누워 책을 읽어주는 활동입니다. 베갯머리 독서의 가장 큰 장점은 스킨십과 함께할 수 있다는 것입니다. 아이들은 하루에도 수많은 사람들과 교류를 하지만 자신을 지지해주는 긍정적인 교류만 이루어지는 것은 아닙니다. 친구들과 대화에서 비속어를 사용할 수도 있고, 온라인상에서 줄임말이나 은어를 사용하는 경험으로 어휘 사용 능력이 떨어지기도 합니다. 반면에 좋은 책을 꾸준히 읽어주면 그 소리를 들으며 올바른 어휘력을 키우는 데 효과가 있습니다.

또한 하루 온종일 바쁘게 지내면서 아이와 정서적인 교감할 수 없었던 부분을 채워주고 아이에게 책에 대한 긍정적인 인식도 높여줍니다. 자기 전 읽은 책은 기분 좋은 수면까지 영향을 미칩니다. 또한 팔베개나 포옹 등의 스킨십을 동반하기 때문에 아이가 자신이 사랑받고 있다는 것을 느낍니다. 이는 자신에 대한 긍정적인 인식이 형성되고 자존감으로 이어집니다. 그리고 책에 대한 태도가 긍정적으로 변합니다.

베갯머리 독서는 엄마보다는 아빠가 주체일 때 더 큰 효과를 거둘 수 있습니다. 미국 하버드대학 연구에 따르면 아빠가 책을 읽어주는 것이 아이들의 어휘력이나 창의력에 더 큰 도움을 준다고 합니다. 커가면서 아빠와 교감할 시간이 적어지는 아이들에게 아빠의 베갯머리 독서를 선물하면 어떨까요? 아이와 놀아주지 못한 미안함과 공부를 도와주지 못하는 불안함이 모두 사라지는 기적을 경험할 것입니다.

매일 읽어주세요

자는 시간이 정해져 있으면 베갯머리 독서를 더 꾸준히 실천할 수 있습니다. 보통 아이들은 10시 전후로 잠자리에 듭니다. 부모님 일이 늦어져 일과가 다 마무리가 되지 않더라도 아이가 자는 시간에 맞춰 딱 5분만 시간을 내어주세요. 유아라면 책을 고르고 잠자리를 준비하는 등의 수고가 필요하겠지만 초등학생들은 베갯머리 독서를 위한 사전준비를 스스로 할 수 있습니다.

5분이면 그림책 한 권 정도 읽어줄 수 있습니다. 줄글로 된 책이라면 한쪽을 읽는데 1분 정도로 5쪽 정도를 읽어줄 수 있습니다. 5분동안 많은 양의 지식을 알려주거나 이야기 전체를 조망하기는 어렵습니다. 하지만 열심히 하루를 보낸 아이에게 부모가 주는 응원과 위로와 사랑을 느끼게 하기에는 충분한 시간입니다. 그리고 매일 꾸준히 읽어주는 베갯머리 독서는 그 무엇보다 독서에 대한 긍정적인 경험이 됩니다. 그리고 5분 동안 책을 읽어준 뒤 덮으면서 "내일 또 읽어줄게."라고 아이와 약속을 통해 안심시키고 스스로에게도 다짐합니다.

아이와 함께 읽은 책은 서로 교감할 수 있는 연결고리가 됩니다. 그렇게 쌓인 이야기들은 아이와 대화의 주제가 되어 다른 나라의 이야기를 들으며 여행의 간접 경험을 하고, 과거와 미래를 오가는 이야기를 들으며 상상의 나래를 펼치게 됩니다.

책 읽으라는 잔소리 5분 vs 책 읽어주는 5분

학교에서 아이들에게 독서를 하게 하는 가장 강력한 방법은 무엇일까요? 독서급수제, 독서통장, 독서 감상문, 칭찬스티커, 책 선물, 책 읽으라는 잔소리 등 교실에서 안 해본 방법이 없습니다. 하지만 이런 방법은 읽는 아이들은 더 열심히 읽고 책에 관심 없는 아이들은 한 귀로 듣고 한 귀로 흘려보냅니다. 정말 책과 원수진 사람처럼 책을 읽지 않습니다. 그럼에도 책을 읽을 때가 있습니다. 바로 선생님이 직접 책을 펼쳐서 읽어줄 때입니다.

　누군가 책을 읽어주는 활동이 익숙하지 않은 아이들도 선생님이 책을 들고 읽어주기 시작하면 관심을 가집니다. 그리고 곧 이야기 속으로 빠져듭니다. 그림책이라 유치해할 것 같지만 아이들의 반응은 너무 뜨거웠습니다. 아이들은 즐거워했으며 그림책에 관심을 가지기 시작했습니다. 그러고는 자신이 고른 책을 읽어달라며 가져오기 시작했습니다. 날이 갈수록 경쟁이 치열해져 날짜별로 책을 선정하는 순서를 정해야 했습니다. 그리고 읽어준 책이 재미있으면 도서관에 가서 다시 그 책을 읽거나 집에 가서 엄마에게 다시 읽어달라고 하는 아이들도 있었습니다. 그다음 아이들은 스스로 도서관에서 저학년에게 책을 읽어주는 봉사활동을 하기 시작했습니다. 아이들이 독서에 대한 긍정적인 인식이 생긴 것이지요.

베갯머리 독서, 어떻게 해야 할까?

베갯머리 독서를 위해서는 매일 꾸준히 읽어주는 것이 중요합니다. 처음부터 욕심을 부려 많은 시간을 할애하게 되면 그 시간이 부담으로 다가오고 지속할 수 없게 됩니다. 한 줄이라도 읽어준다는 마음으로 시작해야 합니다. 그리고 처음 시작한다면 내용이 짧은 그림책이 좋습니다. 그림책을 고학년이라 유치해할 것 같지만 양질의 그림책은 누구나 재미있어 할 요소를 가지고 있습니다. 어쩌면 사소한 일에 감동할 일이 적은 고학년에게 더 필요한 감성일지도 모릅니다. 또한 정서적인 안정감을 주어 잠자리에 편안하게 들게 하려면 너무 자극적이거나 지식을 필요로 하는 내용이 아니어야 합니다. 무서운 장면이나 잔인한 내용은 아이의 꿈자리를 사납게 할 수 있기 때문입니다.

맞벌이를 하는 부모는 자기 전 너무나 지쳐 책을 읽어주는 루틴이 힘들 수 있습니다. 이럴 때 역으로 아이가 읽어주는 책을 듣는 것도 훌륭한 방법입니다. 아이가 소리를 내어 책을 읽으면서 상상력과 표현력이 길러지고 책에 대해 더 적극적인 자세를 배울 수 있습니다. 책을 소리 내어 읽으면 새로운 표현이 저절로 익혀지고 사고력과 집중력이 길러집니다. 부모는 아이가 책 읽는 것을 들으면서 표현력, 띄어쓰기, 내용에 대한 이해 정도, 발표력에 대해 파악할 수 있습니다.

베갯머리 독서를 할 때 가장 난감한 상황이 아이가 계속 읽어달라고 할 때입니다. 논다는 것도 아니고 책을 읽어달라는데 그만 읽어줄 수도 없고 참 난감합니다. 그렇다고 밤을 새며 읽어줄 수 없는 노릇이니 시작 전에 아이와 함께 분량이나 시간을 정해두는 것이 좋습니다. 혹시라도 더 읽어달라고 한다면 방금 읽은 책에 대한 대화를 나누는 것도 아이의 상상력을 길러주는 데 좋은 역할을 합니다. 세계적인 문호 괴테의 어머니도 괴테에게 책을 클라이맥스까지 읽어주고 항상 뒷이야기는 괴테에게 완성하게 했다고 합니다. 그래서 괴테는 어렸을 때부터 이야기를 자기만의 스토리로 완성한 경험이 명작을 만들어내는 기반이 되었다고 회고합니다.

아동문학을 접하기도 전에 유튜브나 동영상을 접한 아이들에게는 이야기를 구성해내는 섬세함이 부족할 때가 있습니다. 수업시간에 이야기를 듣고 뒷이야기를 완성하는 내용이 많이 나오는데 가장 아쉬운 부분은 아이들이 막장드라마에나 나올 법한 이야기로 꾸미는 것입니다. 장난이겠지만 죽이거나 바람을 피운다는 내용을 스스럼 없이 쓸 때마다 깜짝 놀라고 걱정스럽습니다. 아이들은 옳다 그르다 판단할 수 있는 판단능력이 부족하기 때문에 보고 듣는 것을 자연 스럽게 받아들입니다. 그래서 아이들에게 좋은 문학을 읽어주는 것 은 생각과 가치관 형성에 필요합니다.

사춘기 어린이와 유대를 쌓으려면

요즘은 사춘기가 시작되는 시기가 초등학교 3~4학년 쯤으로 예전 보다 빨라지고 있습니다. 그러면서 가족과의 대화를 거부한다거나 자신을 표현하는 것을 어색해하는 아이들이 많아집니다. 학부모 상 담을 진행하다 보면 아이의 말수가 줄어들었다던가 대화를 하려고 하지 않는다는 고민을 이야기 하는 분들이 많습니다. 소원해진 관계

를 회복하고자 갑자기 진지한 대화를 한다거나 다그치는 식의 대화
는 상황을 더욱 악화시킵니다. 사춘기가 되기 전부터 베갯머리 독서
를 통해 꾸준히 책을 읽어주었던 아이들은 정서적인 유대나 대화하
는 습관이 잘 갖춰져 부모와의 대화가 어색하지 않습니다. 사춘기가
되어도 큰 어려움을 겪지 않게 됩니다. 그리고 대화를 하다보면 비
슷한 주제로 정해진 말만 오고 가게 됩니다. 베갯머리 독서를 통해
다양한 주제와 다양한 표현들을 자연스럽게 익히며 어휘력과 문해
력, 표현력이 키워집니다.

　잠들기 전 마음이 편안해진 상태에서의 아이와의 대화는 교감으
로 가는 좋은 기회입니다. 꾸준한 독서 습관을 꼭 책상에 앉아서 할
필요는 없습니다. 하루라도 어렸을 때 좋은 루틴을 만들어주는 것이
좋습니다. 부모님과 같이 누워있는 것을 어색해하기 전에 말입니다.
아이에게 자기 전 책을 읽어 줄 시간이 그리 길지는 않으니 초등학
교 동안이라도 꼭 챙겨주어야 합니다.

공부의 종잣돈이 되는 독서

코로나19로 외부 활동이 차단되고 여행이나 운동 등을 할 수 없게 되자 독서를 하는 사람이 늘었지만 한편으로는 책을 읽는 집단과 책을 읽지 않는 집단의 격차가 더 벌어졌다고 합니다.

디지털 미디어 시대의 독서

코로나19로 온라인 수업이 활성화되면서 비대면 교육의 시대가 도래하여 빠르게 미래가 다가오는 것처럼 느껴집니다. 비대면으로 일상과 여가를 보내는 방식에도 큰 변화가 일어났고 독서 문화가 변한 것입니다. 예전의 독서는 그저 책을 읽고 지식과 정보를 습득하면서 가치관을 그대로 받아들이는 경우가 많았지만 이제는 다른 사람의 생각을 이해하고 자신을 표현하고 설득하는 의사소통의 도구가 되었습니다. 그리고 독서를 통해 세상을 다양한 시각으로 바라보고 서로 비교하면서 여러 문제를 해결하는 자신만의 해답을 찾아가야 합니다. 진정한 의미의 독서는 아이들이 스스로 의미를 구성하면서 책을 읽는 것입니다.

디지털화되면서 책을 읽을 수 있는 환경은 더 좋아졌지만 책을 읽는 시간은 더 줄어들었습니다. 예전에는 정보나 지식을 주로 책을 통해서만 알 수 있었지만 요즘은 습득할 수 있는 통로가 너무 많습니다. 그중에서도 인터넷 검색, 유튜브 등 정보의 길이는 짧아지고 생각하는 과정이 적어 부담감이 적기 때문에 더 쉽게 접근합니다. 그로 인해 아이들은 긴 텍스트의 책에 대한 거부감이 생겼습니다. 이렇게 변화된 미디어 환경은 독서 습관에도 많은 영향을 미칩니다.

또한 스마트폰을 가진 아이들이 많아지면서 스마트폰을 보는 시간이 늘어났습니다. 아이들이 흥미를 느끼는 환경이 달라지고 있는 것입니다. 더 짧고 자극적이고 생각할 여지가 없는 정보를 그저 받아들이는 것에 익숙해졌습니다. 실제로 한국인터넷진흥원에서 밝힌

10대의 스마트폰 이용률은 97.2%라고 합니다. 거의 모든 아이들이 하는 디지털 미디어 활동을 단순히 막는 것이 능사는 아닙니다. 아이 스스로 독서에 재미를 느껴 책을 펴도록 유도하는 방안이 필요합니다.

　그렇다면 우리나라 사람들이 가장 독서를 많이 하는 시기는 언제일까요? 바로 영유아 시기입니다. 부모가 독서의 중요성을 알고 책을 많이 읽어줍니다. 영유아기 때는 책을 많이 읽은 아이들과 책을 읽지 않은 아이들의 차이가 확연히 눈에 보입니다. 하지만 초등학교에 들어가고 학년이 올라갈수록 독서보다는 공부에 집중하다 보니 독서의 중요성을 많이 잊게 되면서 책과 멀어지게 됩니다.

독서 습관의 중요성

그렇다면 공부를 위해서 독서를 하는 것은 어떨까요? 독서를 통해 공부도 잘 할 수 있습니다. 교육에 관심이 있는 사람이라면 한결같이 입을 모아 하는 말입니다. 책을 많이 읽는 아이들은 공부를 잘할 수밖에 없습니다. 그 이유는 수업은 대부분 읽기와 듣기에 집중되어 있어 교과서를 읽으면서 많은 지식을 쌓고 시험지를 통해 평가하므로 읽는 능력은 굉장히 중요한 요소입니다. 특히 평가에서는 설명하는 지문을 읽고, 문제를 읽고 제출 의도를 파악해야 하기 때문입니다. 실제로 고학년으로 올라갈수록 한 번에 읽어야 할 지문의 양이 길어져서 읽기 능력이 뒷받침되지 않으면 지문을 다 읽지 못해 문제를 풀 수 없습니다. 이런 상황에서 좋은 점수를 기대하기는 어렵습니다. 읽기 능력을 끌어올리는 것은 당연히 독서가 기본입니다.

책을 읽는다는 것은 글에서 재미를 느낀다는 것입니다. 글에서 재미를 느끼려면 기본적으로 글에 나오는 낱말들에 대한 의미를 이해해야 가능합니다. 사전처럼 정확하게 낱말의 뜻을 알지는 못하지만, 앞뒤에 나오는 문맥들이나 낱말의 뜻을 짐작해서 알 수 있어야 합니다. 하지만 고학년이 될수록 되면 모르는 낱말은 그냥 넘어가거나 나랑 상관없는 낱말이겠거니 궁금해하지조차 않는 아이들이 많습니다. 낱말을 의미를 모른다면 어떤 의미의 글인지 파악할 수 없고 읽어도 내용을 이해하지 못해 머릿속에 지식이나 감동이 남을 수 없습니다.

실제로 시험지를 풀 때 문제에 나오는 낱말을 몰라 손을 들고 "선생님, '파악'이 뭐에요?"라고 질문하는 아이들이 있습니다. 수업 시간이나 쉬는 시간에는 알려줄 수 있지만, 시험 시간에는 알려줄 수 없어 안타까운 마음이 생깁니다. 그래서 평소에 독서를 통해 낱말의 뜻을 짐작해보고 낱말들이 쓰이는 다양한 예시들을 볼 수 있는 읽기가 중요합니다.

이렇게 독서는 모든 공부의 종잣돈 같은 의미입니다. 독서를 통해 배운 낱말, 지식, 경험, 문해력 등이 공부의 종잣돈이 되어 본격적인 교과 공부를 통해서 종잣돈을 굴려야 합니다. 눈사람을 만들기 위해서 시작하는 눈덩이를 정성 들여 만들어놓으면 그다음 눈을 굴릴 때는 훨씬 더 크고 무너지지 않는 눈사람을 만들 수 있는 것처럼 말입니다. 처음 눈덩이가 부실했던 아이들은 초등학교까지는 암기와 반복, 부모님의 관심과 사교육으로 눈덩이가 굴러가기는 합니다. 하지만 학년이 올라갈수록 고차원적인 사고를 융합시키기 위해 꾹꾹 눌러주는 독서가 뒷받침되지 않는다면 더 큰 눈사람을 만들기도 전에 무너져버립니다.

억지로 읽히지 마세요

책을 스스로 읽는 아이들은 그저 책이 재미있어서 읽는 아이들입니다. 아이러니하게도 책을 읽는 아이들은 내적 동기(재미있어서)에 의해서 책을 읽지만 책을 읽지 않는 아이들은 외적 동기(시켜서)에 의해 독서를 합니다. 책을 재미로 있는 아이들은 더 읽게 되고 책을 읽지 않는 아이들은 강요로 더욱 재미없어지는 상황이 벌어집니다. 스스로 책을 읽는 즐거움을 느낀다면 책을 읽지 말라고 해도 읽습니다. 예전에 태종 이방원이 아들 세종의 책을 모두 없애도 틈 사이에 끼어있던 한 권의 책을 100번 읽었다는 이야기처럼 말이죠.

책을 가장 많이 접하는 곳은 아이들이 가장 많은 시간을 보내는 학교와 집입니다. 학교에서는 아이들의 독서 습관을 위해 정말 많은 방법이 동원됩니다. 그 중 하나가 '한 학기 온 책 읽기'입니다. 아이들이 스스로 재미를 느끼고 친구들과 같이 읽어볼 만한 책을 토론하고 투표를 통해 한 권의 책을 고릅니다. 이렇게 선정된 도서로 한 학기 동안 친구들과 서로 소리 내어도 읽어보고, 혼자도 읽어보고 바꿔 읽어보면서 충분히 책을 읽습니다. 그 후 책 표지도 그려보고, 책의 내용을 묻고 답하고, 독서 골든벨을 하는 등 다양한 형태의 독후 활동도 이루어집니다.

이렇게 한 학기 동안 다양한 방법으로 읽은 책은 잊지 않습니다. 책 한 권을 온전히 나의 것으로 만드는 경험은 독서에 대한 긍정적인 태도를 만드는 데 큰 도움을 주고 책 읽기의 흥미를 끌어들이는 데도 많은 영향을 줍니다. 굉장히 많은 독서법이 소개되고 있습니다. 하지만 수없이 많은 독서법의 핵심은 우선 책을 펼치고 읽는 것입니다. 그러기 위해서는 아이가 손에서 책을 놓지 않을 수 있게끔 도와주어야 합니다. 독서를 루틴으로 만들어 자연스럽게 아이의 일상에 책을 더해주세요.

키워드만 잘 뽑아도 반은 성공하는
키워드 독서법

독서에 대해 부담감을 줄이고 꾸준히 독서로 이끌어주는 것이 키워드 독서입니다. 키워드 독서를 할 때는 아이에게 책 한 권을 읽고 독후감을 쓰라고 하지 않습니다. 그저 하루에 5분씩 한쪽이라도 읽는 것이 중요하다고 합니다. 한쪽 읽는 것이 어려우면 책을 펴는 것만으로 충분합니다. 인공지능 시대의 가장 핵심인 컴퓨터 언어는 잘했다 못했다를 평가하지 않습니다. 아무것도 하지 않은 0과 뭐라도 시도한 1의 차이만 있을 뿐이죠. 오늘 책을 읽었다면 '1'이고 읽지 않았다면 그저 '0'일 뿐입니다.

하지만 독서의 중요성을 강조하다 보니 독서통장, 급수제 등 양적인 독서에 집착하는 경우가 있습니다. 책을 이만큼 읽었다는 것에만 집중해 정작 책의 내용에는 관심이 없는 모습을 보곤 합니다. 그저 글을 읽는 것이 독서가 아닙니다. 독서는 작가가 쓴 글을 읽고 자신의 경험을 토대로 글을 이해하고 지식을 나만의 것으로 만드는 주체적이고 능동적인 과정입니다.

독서의 질을 올려주는 3단계

그러면 아이들에게 왜 질적인 독서가 필요할까요? 질적인 독서는 주변을 다양하게 탐색하고 간접 경험의 기회를 제공하면서 아이의 생각과 지식을 의미 있게 구성하도록 해줍니다. 또한 책은 다양한 지식과 가치 등을 포함하고 있어서 아이의 전인적인 발달을 도와주고 창의성을 발달시켜줍니다.

독서는 책을 읽기 전 준비단계, 독서를 하는 중의 단계, 독서 후 감상단계 3단계로 나뉩니다. 이 3단계 모두 중요하지만 독후 활동은 책을 읽은 후 그 책의 내용을 중심으로 자신의 느낌이나 생각, 의견 등을 다양한 방법으로 나타내는 활동입니다. 독후 활동은 책에 대한 흥미를 유발하고 읽은 책의 내용을 놓치지 않게 하는 데 필요하고 독서를 통해 얻은 지식이나 감동을 오래 간직할 수 있게 해줍니다. 또 독후 활동을 통해 생각하는 힘과 창의력을 기를 수 있어 질적인 독서에 굉장히 중요한 단계입니다. 가장 오래되고 보편적인 독후 활동은 독서 감상문 쓰기입니다. 하지만 독서 감상문이라는 소리만 들어도 벌써 책을 읽기 싫다는 아이들이 많습니다. 여태까지의 독서 감상문은 책의 내용을 주입식으로 기억하는 데 의의를 뒀기 때문에 지루하고 따분하다고 느낍니다.

독서의 패러다임이 변하고 있기에 독후 활동의 패러다임도 변해야 합니다. 지식을 배우는 것보다는 지식이나 정보를 어떻게 연결하고 활용할 것인가 더 중요해졌습니다. 변화된 세상에서 필요한 독후 활동으로 책을 읽고 그 내용을 이해하여 자신의 것으로 녹여내기 위해서 필요한 것이 바로 키워드 독서입니다.

키워드 독서법이 무엇인가?

먼저 스스로 읽고 싶은 책을 선택하게 합니다. 선정한 책을 하루에 부담 없이 읽을 수 있는 분량을 정해 분량을 나눈 뒤, 정해진 시간 동안 책을 읽습니다. 읽은 후 빈 종이에 머릿속에 남는 키워드들을 적습니다. 그리고 그 키워드들로 나만의 문장을 만들어봅니다.

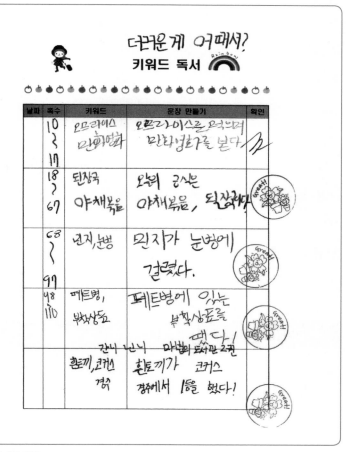

키워드 독서법 예시

책의 페이지나 기간을 고려해 하루에 읽을 분량을 나눌 수 있습니다. 100쪽짜리 책을 정해서 한 달 동안 읽기로 했다면 100÷30=3.3으로 하루에 3~4쪽 정도가 읽어야 할 분량이 됩니다. 이 분량은 아이들의 독서 역량에 따라 다를 수 있습니다. 아이가 저학년이고 독서에 흥미를 붙이는 단계라면 한 번 읽을 때 5분 동안 읽을 수 있는 분량 정도로 정하는 것이 좋습니다. 책을 읽은 후 키워드를 적을 땐 책을 보면서 베껴 적지 않고 내 머릿속에 남아있는 키워드 위주로 적습니다. 이 키워드들은 2~3개가 넘어가지 않도록 합니다.

키워드로 나만의 문장은 읽은 내용을 요약하거나 책을 읽으면서 들었던 생각을 문장으로 만듭니다. 다른 방법은 키워드를 가지고 육하원칙을 이용해서 사건을 정리하는 방법도 있습니다. 키워드로 어떤 문장을 만들어도 좋습니다. 자신이 뽑은 키워드로 나만의 문장을

단계	방법
1	제한된 시간 안에 책 읽기
2	머릿속에 남아있는 키워드 적기
3	키워드로 문장 만들기

키워드 독서법의 3단계

정리해보고 책을 내 것으로 만드는 내면화 과정이 중요하기 때문입니다. 키워드 독서로 책 한 권을 읽고 정리할 때 A4 두 장을 넘기지 않도록 합니다.

키워드 독서는 많은 시간이 걸리지 않고 지루한 독서감상문 쓰기 과정은 없지만 책 한 권을 읽어도 질적인 독서가 되게 합니다. 그리고 제한된 시간 안에 정해진 양을 읽어야 하므로 몰입하여 읽게 됩니다. 스스로 정리한 키워드와 문장들은 책에서의 중요한 내용과 책을 읽으면서 느꼈던 내 생각까지 담겨 있어서 읽은 책을 활용하고 싶을 때 유용하게 사용할 수 있습니다. 독서를 부담스러워하는 아이들에게 부담 없이 다가갈 수 있도록 재미와 흥미를 느끼게 합니다. 또한 책의 내용을 이해하고 내면화하는 과정을 통해 독서의 효과를 배로 늘릴 수 있습니다.

독서 근육을 키우는 방법

아이와 함께 키워드 독서 루틴을 하기로 마음먹었다면 먼저 책을 골라야 합니다. 이때 책은 아이가 고를 수 있도록 합니다. 누군가 정해준 책보다는 아이가 직접 정한 책이 아이에게 더 동기를 부여하기 되기 때문입니다. 만약에 아이가 책 고르는 것을 힘들어한다면 초등학생 필독리스트 중에서 하나를 고르게 하는 것도 방법입니다. 이때 위인전, 추리물, 소설, 지식책 등 어떤 분야든 좋지만 학습만화는 제외합니다. 책을 고를 때는 아이들이 직접 책 표지와 내용을 훑어볼 수 있도록 서점이나 도서관을 이용하면 좋습니다. 인터넷으로 물건을 골라 실제로 받아보면 실망하는 경우가 있듯이 책에 애착을 가질 수 있도록 정성을 기울여 고르게 해주세요.

고른 책을 아이에게 한쪽 정도를 읽어보게 하고 시간을 잽니다. 아이가 한쪽을 읽는 시간을 고려하여 4분 정도 읽을 수 있는 분량으로 책을 나눕니다. 예를 들어 한쪽에 2분 정도 걸렸다면 아이가 하루에 읽는 분량은 2쪽 정도입니다. 전체 60쪽의 책이라면 2쪽을 30일 동안 읽는 루틴을 정하면 됩니다.

책을 읽을 때는 정해진 시간과 정해진 장소에서 읽는 것이 가장 좋습니다. 등교하기 전이나 저녁 식사 전처럼 매일 꼭 하는 행동과 연결 짓는다면 잊지 않고 매일 꾸준히 하게 됩니다. 아이가 책을 읽을 때 옆에서 같이 읽는 것이 가장 효과적이지만 상황이 여의치 않다면 독서여부라도 체크하는 것이 좋습니다. 처음에는 루틴이 아이에게 익숙하지 않기 때문에 꾸준한 관심이 필요합니다.

하루치 분량을 읽고 나면 책을 덮고 공책이나 종이에 머릿속에 남아있는 키워드들을 적게 합니다. 생각나는 모든 키워드들을 적게 하는 것보다 2~3개 내외로 하는 것이 좋습니다. 키워드들을 추려서 중요한 키워드를 뽑아내는 것도 연습이 필요합니다. 이 키워드들로 책의 내용을 표현하는 한 문장을 만들게 합니다. 몇 개의 키워드를 가지고 자신의 생각이 들어가는 문장을 만드는 것은 단어를 융합적으로 연결시키는 연습이 됩니다.

키워드를 문장으로 나타날 때는 읽은 내용을 요약하는 문장, 자신의 생각이 들어간 의견 등 어떤 문장이라도 좋습니다. 대부분의 아이들은 처음에는 '무엇이 무엇했다.' 정도의 단순한 문장으로 씁니다. 실망하지 말고 칭찬해주어야 합니다. 책을 읽고 자신의 문장으로 정리했다는 것만으로 훌륭한 독서를 하고 있는 것입니다.

아이들을 책과 가깝게 하려면

학교에서 아이들을 보면 책을 읽더라도 읽는 책의 내용을 되짚어 생각하면서 읽는 경우는 많지 않습니다. 그래서 독후감상문을 쓰게 한다든지 감상평을 물어본다든지 등의 독후활동을 많이 시켰습니다. 하지만 이것이 아이들에게 부담이 되어 책과 멀어지게 했다는 것을 알고 너무 혼란스러웠습니다. 책 읽는 것이 중요하다면서 정작 아이들을 책과 멀어지게 했기 때문입니다.

그래서 수업 시작하기 전 아침활동 시간에 5분씩 키워드 독서루틴을 실시했는데 책을 전혀 읽지 않는 아이들에게 더 큰 효과가 나타났습니다. 평소에 독서시간을 주면 책을 읽는 것이 아니라 그저 멍하게 글자를 보기만 했는데 키워드 독서를 시작하고 나서는 책을 읽고 끄적이기 시작하는 것입니다.

가끔 아이가 책을 읽고 있는 것인지 그냥 글자를 보는 것인지 확인하고 싶을 때가 있습니다. 키워드 독서는 그런 우려를 확실히 접게 만듭니다. 아이가 책 한 권을 읽고 남은 키워드 독서노트는 내 아이만의 독서 기록이 됩니다. 책 한 권을 읽을 때마다 생기는 독서노트는 아이에게 성공의 경험과 성취감을 줍니다. 하루에 5분씩 책을 읽고 내 생각의 문장을 만들어보는 키워드 독서 루틴은 독서와 글쓰기, 독서 습관까지 모두 잡을 수 있는 강력한 루틴입니다.

아이들은 종종 어떤 책을 읽어야 하는지 묻습니다. 저는 먼저 학교도서관에 있는 책을 읽도록 합니다. 학교도서관의 책은 아이들에게 도움이 되는 좋은 책을 골라두었기 때문입니다. 대신 학습만화를 읽는 것은 조금 다릅니다. 학습만화는 학습으로 포장된 만화입니다. 학습만화를 많이 보더라도 머릿속에 남는 정보는 매우 한정적입니다. 책을 읽고 사고하는 과정이 중요한데 학습만화는 사고하는 과정을 빼고 읽고 보는 과정만 남는 것이지요. 아이들이 학습만화를 고르는 이유는 그냥 쉽게 읽히고 읽을 내용이 적고 그림이 그려져 있어 부담감이 적어서입니다. 아이가 학습만화를 꼭 읽고 싶어한다면 4:1정도의 비율로 줄글로 된 책을 40분 읽었다면 머리도 식힐 겸 10분 정도는 학습만화를 읽는 시간을 주는 정도가 좋습니다.

아이가 좋아하는 같은 책을 여러 번 읽는 것도 괜찮습니다. 똑같은 책을 반복해서 읽으면 내용뿐만 아니라 책의 요소, 문체 같은 것들이 자연스럽게 익힐 수 있어요. 축구선수가 공을 잘 차려면 반복적으로 연습해야 하는 것처럼 독서도 책을 많이 읽으면 생각하는 힘을 기를 수 있습니다. 같은 책을 여러 번 읽거나 매번 새로운 책을 읽어도 아이들은 책을 통해 자신에게 필요한 이야기를 쏙쏙 뽑아 성장합니다.

· 7장 ·

메타인지를
키우는 공부 루틴

기억이 떠나가기 전 5분을 잡아라

"이거 예전에 설명했던 거 기억나지?"

"아니요."

예전에 열심히 공부했던 내용을 아이들에게 물어보면 처음 보는 내용인 것처럼 눈만 끔뻑끔뻑하고 있을 때가 있습니다. 그때 구세주처럼 나타나 "이거 저번에 배웠어요."라고 하는 아이들이 있습니다. 그러면 다른 아이들도 "아, 맞다."라며 배웠던 기억을 억지로 끄집어냅니다. 같이 수업을 들었는데 어떤 아이는 배운 걸 기억하고 있고 어떤 아이는 까맣게 잊는 건지 궁금했습니다. 누구나 망각을 하므로 공부한 내용을 모두 기억할 수는 없습니다. 망각은 시간이 지날수록, 공부한 내용이 많을수록 더욱 가속화됩니다. 그런데도 공부한 내용을 잘 기억하는 아이들은 무엇이 다를까요? 그것은 바로 복습입니다.

복습이 필요한 이유

복습이 필요한 이유를 에빙하우스라는 독일의 심리학자가 발견해 낸 '망각곡선'으로 설명할 수 있습니다. 아무런 의미가 없는 문자나 숫자를 암기해서 시간이 지난 후에 머릿속에 얼마나 남아있는지를 측정한 실험입니다. 실험의 결과는 암기한 내용이 5분 정도의 시간이 지나면 망각이 시작되고 1시간 뒤에는 50% 이상의 기억이 사라집니다. 하루 뒤에는 70%의 기억이 사라지고 없으며 장기기억으로 기억에 남는 것은 암기한 내용의 20%도 채 되지 않습니다.

사람마다 기억력이 다르고 학습에 대한 이해도나 경험치가 빠져 있긴 하지만 열심히 암기한 내용이 1시간만 지나도 50%가 없어진다는 것은 충격적입니다. 반대로 생각하면 공부의 효과를 극대화하는 방법을 알 수 있습니다. 망각이 시작되기 전 복습을 하면 망각을 늦추거나 장기기억으로 공부한 내용이 남습니다. 즉 복습도 전략을

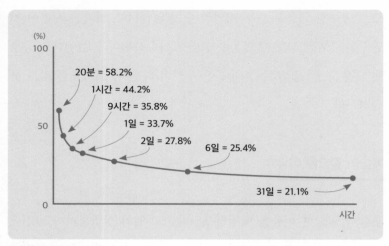

에빙하우스의 망각곡선

세워야 효과적입니다. 수업이 끝난 후 중요한 내용이나 키워드 중심으로 훑어보다가 이해하지 못한 부분을 체크해 두는 정도로 복습을 하면 5분이 채 걸리지 않아야 합니다. 수업 직후의 복습은 공부한 내용을 장기기억으로 보내는 것이 중요하기 때문입니다.

여기서 주의할 점은 수업 끝난 뒤의 복습이 오래 걸리면 다음 수업에 대한 준비가 부담스러워질 수 있습니다. 그러므로 수업이 끝난 뒤의 복습은 '선택적 반복'으로 수업에 배웠던 중요한 내용을 되짚어보고 이해하지 못한 내용을 표시하는 정도면 충분합니다. 그런 다음 집에 돌아와서 체크한 내용을 바탕으로 다시 한번 복습을 하면 공부한 내용을 절대 잊지 않게 됩니다.

한 문장으로 키우는 메타인지

2012년 EBS에서 교육대기획 10부작 〈학교란 무엇인가〉의 8부에서 '0.1%의 비밀'이라는 제목으로 다큐멘터리를 방영한 적이 있습니다. 전국의 고등학생 중 상위 800등 안에 학생들과 일반 학생들 700명을 비교하여 어떤 점이 다른지를 분석하는 내용이었습니다. 그때 당시 많은 학부모와 교사들의 전폭적인 관심을 받으며 차이점이 무엇인지 분석하였습니다. 하지만 두 집단 사이에는 지적 능력, 연산력 등의 학습능력에서 차이점을 보이지 않았고, 부모의 학력, 재력에서도 큰 차이점이 없었습니다.

그런데 두 집단 사이에서 확연한 차이를 보인 것이 있었습니다. 그것은 바로 '메타인지 능력'이었습니다. 위 실험에서 학생들에게 무작위의 단어 25개를 보여주고 기억하게 했는데 여기서 자신이 몇 개의 단어를 기억할지 예상하게 했습니다. 결과는 일반 그룹 학생들은 자신이 기억할 수 있을 것이라고 예상한 단어의 수와 실제로 기억한 단어 수의 차이가 많이 났습니다. 반면에 상위 그룹에 속하는 학생들은 자신이 외울 수 있는 것이라고 예상한 단어의 수와 실제로 기억한 단어 수의 차이는 놀랍게도 0에 가까웠습니다.

이런 현상은 교실에서도 자주 일어납니다.

"지금 배운 거 다 이해했지?"
"네."
"그러면 설명해볼까?"
"……"

아이들은 수업 중 눈을 반짝이며 수업을 열심히 듣습니다. 선생님 질문에 대답도 잘합니다. 아이들의 반응을 보고 수업 내용을 이해했을 것이라고 생각합니다. 그런데 수업 내용에 대해 설명하라고 하면 대답하지 못하는 아이들이 많습니다. 수업을 들었고 교과서에서 봐서 익숙해졌기 때문에 스스로 이해했다고 생각하지만 실제로 설명하지 못할 때가 많습니다. 이런 현상이 일어나는 이유는 아이들에게 메타인지 능력이 발달하지 못했기 때문입니다.

그러면 메타인지 능력이 도대체 무엇일까요? 메타인지 능력은 아이 스스로 학습을 계획하고 점검하여 조절하는 활동을 포함하는 능력으로 자기주도적인 학습에서 가장 기본이 되는 학습능력입니다. 즉, 자신이 어떤 것을 알고 모르는지를 파악하여 효율적인 전략으로 학습하는 과정입니다. 메타인지 능력이 뛰어난 아이들은 학업성취도가 높고 자기주도적인 학습이 가능합니다.

수업 후 5분의 투자가 장기기억으로

메타인지 능력을 키워주기 위해서는 자신이 아는지 모르는지를 파악할 수 있어야 합니다. 아는 것을 파악하는 가장 좋은 방법은 설명해보게 하는 것입니다. 어떤 것에 대해서 설명할 수 있다면 제대로 아는 것입니다. 말로 풀어서 할 수도 있고 글로 적을 수도 있지요.

다큐멘터리에 등장하는 상위 그룹의 한 학생은 공부하다가 엄마를 앉혀놓고 자신이 공부를 한 내용을 설명하는 장면이 나옵니다.

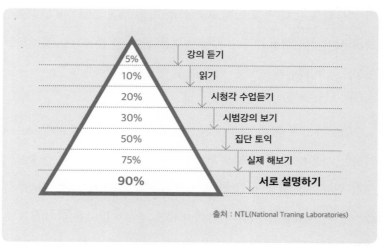

5%	강의 듣기
10%	읽기
20%	시청각 수업듣기
30%	시범강의 보기
50%	집단 토익
75%	실제 해보기
90%	**서로 설명하기**

출처 : NTL(National Traning Laboratories)

학습 효율성 피라미드

자신이 잘 이해했는지 말로 설명하면서 확인하는 것입니다. 이렇게 말로 설명하려면 상대방이 있어야 합니다. 하지만 맞벌이 가정이 많고 혼자 공부하는 아이들이 많은 경우 갑자기 누군가를 데려와 설명하는 것이 쉬운 일이 아닙니다. 혼자서도 언제든지 설명할 수 있는 방법은 글로 적어보는 것입니다.

하지만 아이들이 가장 싫어하는 학습활동이 쓰기입니다. 게임이나 채팅으로 문자를 쓰는 것조차 귀찮아 줄임말을 쓰는 아이들에게 쓰면서 공부하라는 것은 거부감을 느끼게 할 수 있습니다. 그래서 거부감을 느끼지 않을 정도로 아주 작게 배운 것을 한 문장으로 정리하는 것이 핵심입니다. 수업 후 5분 동안 한 문장으로 정리하는 활동으로 메타인지 능력을 키워줄 수 있습니다.

수업이나 공부를 한 직후에 자신의 공부한 내용 중 중요하다고 생각하는 내용을 한 문장으로 적어보게 합니다. 아이들이 한 문장으로 쓰기 위해서는 짧은 시간 안에 자신이 어떤 목표를 가지고 공부를 했는지 이 목표를 달성하기 위해 어떻게 공부했는지를 점검하고 목표를 달성했는지를 평가해야 합니다. 이런 과정을 매일 반복한다면 메타인지 능력은 저절로 키워집니다. 시험이나 자신이 공부한 내용을 정리할 때는 꾸준히 기록해온 하루 문장들을 보면 됩니다.

공부를 하는 것만큼 복습은 중요합니다. 하루에 수업이 끝나고 5분만 투자하면 오랜 시간을 들이지 않아도 복습을 효과를 누릴 수 있습니다.

초등학생을 위한 효율적이고 똑똑한 공부법

주도적이고 효율적으로 공부하기 위해서는 공부할 목표를 세우고 대강의 내용을 훑어 전략을 세우는 것이 중요합니다. 아이가 스스로 세운 전략으로 공부를 하면서 이해도나 집중도를 스스로 점검하게 합니다. 그러면서 그 전략이 적절한지를 평가하고 맞지 않는 부분이 있다면 다른 전략으로 수정하는 과정을 직접 경험해보는 과정이 필요합니다. 아이가 스스로 자신의 학습 과정을 계획하고, 점검하며 평가하는 과정을 반복하고 연습하면 아이는 공부를 두려워하지 않게 됩니다.

하지만 초등학생이 고난이도의 전략을 가지고 공부하기란 쉽지 않습니다. 그래서 초등학생에게 맞는 메타인지 전략이 필요합니다. 사실 저학년 때는 아이들이 학교에 적응 잘하고 즐겁게 다니는 것만으로 충분합니다. 하지만 학년이 올라갈수록 아이들의 학업성취에 대한 관심이 높아집니다. 갑작스러운 관심에 아이가 부담스러워 하지않도록 저학년 때부터 아이 스스로 목표와 계획을 세워보도록 도와주세요. 하지만 잘못된 방법으로 단순 암기만 반복하는 것은 메타인지 능력을 키우는 데 방해가 될 뿐입니다. 단순 암기가 필요한 영역도 있지만 너무 암기에만 치우친 공부는 자신이 가진 지식이나 전략을 다른 분야로 전이시키지 못해 문제를 해결하는 능력이나 고차원적인 학습에 도움이 되지 못합니다.

한 문장 쓰기의 효과

한 문장 쓰기는 굉장히 간단합니다. 공부할 때마다 과목과 배운 내용을 한 문장으로 나타나게 하는 것입니다. 수업시간에 공부한 목표를 쓰는 것도 좋고, 자신이 알게 된 내용을 쓰게 하는 것도 좋습니다. 가정에서 공부하는 시간이 정해져 있다면 학교 수업과 연결해서 써도 좋고 학교용과 가정용을 따로 만들어 나만의 쓰기 공책을 만들어도 좋습니다.

> ☑ 한 문장 쓰기란?
>
> 오늘 공부한 내용 중 중요하다고 생각하는 내용을 한 문장으로 나타내봅니다.

수업시간	과목	한 문장 쓰기
1교시	국어	인물의 감정은 행동, 표정, 대사로 알 수 있습니다.
2교시	수학	삼각형은 세 변이 있습니다.
3교시	영어	Where is my cap?
4교시	사회	축척은 실제 거리를 줄여 나타낸 비율입니다.
5교시	도덕	아름다움은 내면적 아름다움이 있습니다.
6교시	음악	세마치 장단은 '덩 덩 덕 쿵덕'입니다

한 문장 쓰기 예시

교실에서 한 문장 쓰기를 시도하면서 많은 시행착오를 겪었습니다. 처음에는 하루 동안 배운 내용을 복습하는 의미에서 수업이 끝나고 하교하기 전 한꺼번에 썼습니다. 그러자 "우리 1교시에 뭐 배웠어?", "우리 2교시에 뭐했지?" 하고 급하게 친구들에게 묻는 일이 반복되었습니다.

아이들은 쓰는 내내 오늘 배운 내용을 바로 기억하지 못했고 그래서 공부했던 교과서를 다시 펼쳐보고 찾아 적었습니다. 어느 날 아이들은 스스로 한 문장 쓰기를 수업 끝날 때마다 바로 해도 되냐고 물어보았습니다. 아이들은 자신이 공부한 내용을 그리 오래 기억하지 않고 수업 직후에 복습할 때가 가장 효율적이라는 것을 몸소 알게 된 것입니다.

한 문장 쓰기를 한 후로 눈에 띄는 변화가 생겼습니다. 아이들이 수업 내용에 대해 관심을 갖기 시작한 것입니다. 수업시간 중에도 계속 무엇을 공부하고 있는지 상기시키려고 노력했고 그 목표에 도달했는지 평가하기 시작했습니다. 그러곤 교과서나 칠판에서 한 문장을 찾아보던 아이들이 점점 배운 내용을 머릿속에서 찾아 한 문장으로 술술 써 내려갔습니다. '오늘은 공부가 재미있었다.', '327×12가 어려웠다' 등으로 스스로 점검하고 평가하여 자신이 부족한 부분이 무엇인지도 알게 되었습니다.

학습의 양이 많아지거나 학년이 올라가면 과목별로 만드는 방법도 있습니다. 공부할 내용이 많고 집중적으로 공부해야 하는 경우에는 과목별 쓰기가 효율적입니다. 예를 들어 시험을 앞두고 있거나 중점적으로 공부할 과목이 있는 경우가 이에 해당합니다. 한 문장 쓰기 공책 한 권이 알짜 노트가 되어 공부할 시간을 줄여줍니다. 학습양이 많아져도 스스로 조절하면서 공부할 수 있게 됩니다. 이런 메타인지 능력은 학년이 올라갈수록 빛을 보게 됩니다. 학습량이 많아지고 내용도 깊어져도 서로 전이시키는 능력이 있기 때문입니다.

그리고 한 문장 쓰기 틈새루틴은 스스로 자신의 능력 향상에 초점을 두고 공부 자체에 흥미를 느끼면서 공부할 수 있도록 도와줍니다. 이런 메타인지 전략을 사용하여 공부하면 효과적인 학습이 이루어질 수 있습니다. 아이 스스로가 만족하고 공부의 주도권을 가지는 것이 자기주도적인 학습과 메타인지 능력을 키우는 가장 좋은 방법입니다.

· 8장 ·

바쁜 아이의
효율적인
시간관리를 위한
기록 루틴

'하기 싫어'를 '해볼래'로 바꾸는 기적

"말을 우물가에 끌고 갈 수는 있어도 억지로 물을 먹일 수 없다"

교육 현장에 있으면서 정말 공감하는 말입니다. 유익하고 도움이 될 만한 일들을 알고 있어도 아이들이 실천하게 하는 건 정말 어렵습니다. '어떻게 하면 스스로 실천하게 할 수 있을까?'가 교육자들의 지상 최대의 과제입니다. 알아서 공부하고 알아서 운동하고 척척하면 얼마나 좋을까요? 그래서 아이를 달래도 보고, 혼도 보고 온갖 방법을 다 써봅니다.

협상: "이거 하면 게임 1시간 하게 해줄게."

보상: "시험 100점 맞으면 스마트폰 사줄게."

야단: "이거 안 하면 혼난다."

사정: "제발 이것 좀 빨리 하고 자자."

물론 단기적인 보상을 활용하면 효과가 있긴 합니다. 하지만 이런 외적인 보상은 처음에는 콩알만 했다가 수박처럼 커져 눈덩이처럼 불어납니다. 그래서 보상이 아이의 마음에 들지 않으면 "그럼 나 안 해."라고 말하는 비극적인 결말로 치달을 수 있습니다. 이런 결말은 관계를 악화시키고 엄마도 지치고 아이도 지칩니다. 아이의 마음이 움직여서 행동하는 것이 아니기 때문입니다.

이런 문제들을 해결하기 위해 동기부여에 대한 연구가 오래전부터 있었습니다. 심리학자 아브라함 매슬로우의 인간 욕구 5단계 이론을 보면 사람의 욕구는 생리적 욕구, 안전 욕구, 사회적 욕구, 존경 욕구, 자아실현 욕구가 있다고 합니다. 위로 갈수록 고차원적인 욕구이고 아래의 욕구가 충족되어야 위의 욕구로 나아갈 수 있습니다.

매슬로우의 인간 욕구 5단계 이론에 따라 아이에게 맞는 전략을

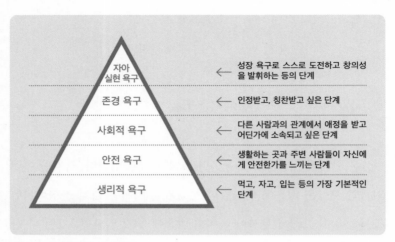

자아
실현 욕구 ← 성장 욕구로 스스로 도전하고 창의성
을 발휘하는 등의 단계

존경 욕구 ← 인정받고, 칭찬받고 싶은 단계

사회적 욕구 ← 다른 사람과의 관계에서 애정을 받고
어딘가에 소속되고 싶은 단계

안전 욕구 ← 생활하는 곳과 주변 사람들이 자신에
게 안전한가를 느끼는 단계

생리적 욕구 ← 먹고, 자고, 입는 등의 가장 기본적인
단계

매슬로우의 인간 욕구 5단계 이론

세울 수 있습니다. 독서를 예로 들어 볼까요? 1단계인 생리적 욕구에 중점을 두고 있다면 책을 읽을 수 있게 아이 주변에 책을 두고, 편안히 앉을 수 있는 의자와 책상 등의 공간을 마련해둡니다. 2단계인 안전의 욕구에서는 편안히 책을 읽을 수 있게끔 시간을 마련해주고 책 읽을 수 있도록 유도합니다. 3단계인 사회적 욕구에서는 책을 읽고 아이와 대화하면서 책을 읽는 모습을 칭찬하면 됩니다. 또한, 도서관이나 독서 모임에 참여해서 친구들과 함께하는 공감대를 만들어줍니다. 4단계인 존경의 욕구는 책을 읽은 독서록을 만들어 칭찬해주고, 아이가 책을 읽은 기록들을 모아 보람을 느끼게 하여 자신이 특별한 사람이라고 느끼게 합니다. 5단계인 자아실현의 욕

구는 아이 스스로 다양한 분야의 책을 읽고, 궁금한 부분을 독서를 통해 깨우쳐가면서 스스로 뿌듯함과 성취감을 느낍니다. 그러면 자신이 읽은 책의 내용을 모든 분야에 적용해 창의성을 발휘하는 긍정적인 영향으로 나타납니다.

매슬로우의 인간 욕구 5단계 이론	독서 전략
자아실현의 욕구	다양한 분야의 독서 도전
존경의 욕구	독서 결과물 전시
사회적 욕구	칭찬 및 독서 모임
안전의 욕구	독서 시간 확보 및 안내
생리적 욕구	책과 독서 공간 마련

매슬로우의 인간 욕구 5단계 이론에 따른 독서 전략

내 아이의 속도를 찾아서

아이마다 단계에 해당하는 조건들이 갖추어졌을 때 실천합니다. 아이마다 각 단계에서 머무는 시간이나 중점을 두는 부분이 다를 수 있습니다. 하지만 고차원적인 자아실현의 욕구 단계를 갈수록 스스로 동기부여하고 행동합니다.

처음부터 독서의 의미를 느끼고 창의성을 발휘하는 것을 바란다면 걷지도 못하는 아이에게 뛰라고 하는 것과 같습니다. 할 수 없는 목표를 제시하면 당연히 '하기 싫어, 안할래.' 등의 반응으로 돌아옵니다. 못할 것 같은 두려움이 있기 때문입니다.

아이가 해볼 수 있을 법한 작은 목표들을 낮은 단계의 욕구에 따라 제시해야 합니다. 예를 들어 생리적 욕구 단계의 아이들에게는 책 읽을 수 있는 공간에 아이에게 "00아, 편안하게 앉아서 책 읽을 수 있게 만들어봤어. 의자가 편한지 한번 앉아볼래?"라고 다가가는 것입니다. 그러면 아이는 거부감 없이 가서 앉아볼 것입니다. 실천할 수 있는 목표들을 한 단계씩 제시한다면 고차원적인 단계로 조금씩 나아갑니다. 아이가 목표를 세우고, 루틴으로 꾸준히 행동하는 시스템을 갖추면 꿈에 한 발짝 더 다가가게 됩니다. 틈새루틴을 통해 목표를 이루는 실천은 아이들의 일상 속에서 꾸준히 유지하며 삶에 대한 태도를 변화시키는 것이 핵심입니다.

줄줄 새는 시간을 잡아라

시간은 모두에게 공평하게 주어집니다. 시간을 어떻게 사용하는 지에 따라 아이들의 결과물은 굉장히 다릅니다. 숙제 검사를 하면 온갖 핑계를 대며 숙제에 허덕이는 아이가 있는가 하면 다양한 일들과 함께 숙제도 열심히 하는 아이가 있습니다. 벅찬 일과와 학습량의 증가, 친구와의 관계 등 자랄수록 할 일은 늘어나고 시간은 부족합니다. 아이들은 다양한 역할을 해내야 하므로 항상 선택의 순간을 마주합니다. 아이들은 어떤 것을 할지 말지 판단하는 기준으로 재미, 중요도, 미래 기여도, 하지 않았을 때 혼날 것인가 등이 있습니다. 부모들의 기준과 아이들의 기준은 굉장히 다릅니다. 부모들은 아이의 미래에 도움이 될 만한 일인지가 우선이지만 대부분의 아이들은 재미를 추구하는 경향이 있습니다. 공부를 하다가도 게임을 하고, 책을 읽다가 친구와 카톡을 합니다.

아이들의 시간관리 수준은 매우 낮고 비효율적입니다. 이제껏 수동적으로 학교를 다니고 엄마가 정해준 학원을 다니고 있어 시간관리를 해본 적이 없습니다. 그래서 시간의 중요성과 시간관리 방법을 잘 모릅니다. 시간관리는 쓸데없는 일은 버리고 필요한 일에 시간을 사용하는 것입니다. 허술한 시간관리는 과제를 미루거나 할 일을 제시간에 마치지 못해 스트레스나 낮은 자존감의 원인이 되기도 합니다. 또한 자신의 목표를 체계적으로 이루지 못하기 때문에 낮은 성취로 이어지기도 하지요. 그래서 시간의 재테크가 필요한 것이죠. 아이들의 효율적인 시간관리를 위해서 시간을 절약하는 것은 선택이 아닌 필수입니다.

할 일을 많이 적을 필요는 없다

시간관리를 위해 할 일이 너무 많으면 목표를 달성하기가 쉽지 않습니다. 빽빽한 플래너를 작성하다가 실패하기 때문에 시작하지 못하는 경우가 많습니다. 그래서 시작은 모든 일을 플래너로 작성하지 않고 꼭 필요한 틈새루틴들로만 계획하는 것이 좋습니다. 틈새루틴 플래너는 앞에서 소개한 필수 틈새루틴들을 아이의 상황에 맞게 넣을 수 있습니다.

틈새루틴 플래너는 중요하게 생각하는 루틴을 틈새 시간에 할 수 있도록 만들어줍니다. 틈새루틴은 아이에게 부담되지 않도록 하루 5분 정도로 실천할 수 있는 것으로 설정합니다. 매일 해야 할 틈새루틴을 적는 것이 부담스럽다면 할 횟수를 정해두고 달성했을 경우 다음 단계의 루틴을 만들어가는 것도 좋은 방법입니다.

틈새루틴 플래너를 사용하면 시간관리 능력이 키워집니다. 시간관리능력은 단번에 키워지는 능력이 아니라 매일 지속적이고 반복적으로 연습해야 합니다. 아이는 틈새루틴 플래너를 사용하기 위해 해야 할 일을 작성하고 일의 우선순위를 정해야 합니다. 많은 일들 중에 중요한 일을 선택하는 것은 시간관리에 도움이 됩니다. 시간은 그저 아껴쓰는 것이 아니라 필요한 일에 가장 효율적으로 쓰는 것이 시간관리의 핵심이기 때문이죠.

☑ **틈새루틴 플래너란?**

아이가 하루를 스스로 계획하고 실행할 수 있도록 도와주고 자기주도력을 키울 수 있게 해줍니다.

순	틈새루틴	할 일	체크
1	아침	아침에 스스로 일어나기	☐
		이부자리 정리하기	☐
		물 한잔 마시기	☐
		목표 생각하기	☐
		할 일 생각하기	☐
2	줄넘기	기본줄넘기 200회	☐
		양발 흔들어 뛰기 100회	☐
3	키워드 독서	책읽기	☐
		키워드 쓰기	☐
		문장 만들기	☐
4	한 문장 쓰기	공부하기	☐
		한 문장으로 정리하기	☐
5	저녁	가방 정리하기	☐
		감사일기 쓰기	☐
하루 체크			/14

틈새루틴 플래너 예시

목표를 달성하기 위해서는 체계적인 계획과 실천이 필요합니다. 목표를 적고 체계적인 계획을 세우는 것은 어느 정도 목표에 도달했는지 스스로 관찰하고 체크하는 데 도움이 됩니다. 자신이 실천하고 있는 일들을 피드백을 하면서 어렵거나 쉬우면 아이 스스로 조절할 수도 있습니다. 이런 목표를 설정하고 계획을 세우고 실천하고 평가하는 과정에서 메타인지 능력이 길러지는 것입니다. 이렇게 키워진 메타인지 능력은 학습, 체력, 예능 등 모든 분야에 도움이 됩니다.

이렇게 하루를 자기 스스로 계획하고 실행하고 기록하고 평가하면서 자기주도성을 갖게 됩니다. 여태 부모님이나 선생님이 '이렇게 해.'라는 말을 들으면서 수동적인 태도를 보였다면 스스로 선택한 목표를 위해 나아가고 있는 능동적인 태도로 변할 것입니다. 이런 자기주도성은 아이들이 자신의 삶을 살아가는 긍정적인 태도와 자존감을 높이는 데 도움이 됩니다.

시간이 금이 되는 3단계 솔루션

하고 싶은 건 많은데 일상이 뒤죽박죽인 아이, 시간은 많은데 무엇을 해야 하는지 몰라 멍때리는 아이, 놀고 있지만 마음속으로 불안한 아이, 꿈을 위해 무엇부터 실천해야 할지 모르는 아이. 우리 아이가 이런 고민을 하고 있으면 어떻게 도와주어야 할까요?

1단계는 아이가 하고 있는 일들에 대한 점검이 필요합니다. 아이 스스로 자신이 하루 동안 한 일을 적어보고 그 일들이 어느 구역에 해당하는지 적어보게 합니다. 아이들의 일을 각 구역별로 나누어 몇 퍼센트를 사용하고 있는지 체크합니다. 생활필수시간은 자고, 먹고,

	긴급함	긴급하지 않음
중요도	1구역(긴급하고 중요한 일) - 숙제 - 시험공부 - 수행평가 - 목표비율(30%)	2구역(긴급하지 않으나 중요한 일) - 독서 - 운동 - 공부 - 목표비율(50%)
중요하지 않음	3구역(중요하지 않지만 긴급한 일) - 친구와의 SNS - 목표비율(15%)	4구역 (중요하지도 않고 긴급하지도 않은 일) - 게임 - 유튜브시청 - TV 시청 - 목표비율(5%)

시간관리 매트릭스

씻는 시간으로 규칙적이고 건강한 생활을 위해서 필요한 시간들이므로 따로 분리하여 체크하도록 합니다.

1구역의 일들은 아이들에게 스트레스가 되어 4구역으로 도피하게 하는 원인이 되기도 합니다. 2구역 위주의 활동은 아이들이 3구역이나 4구역의 활동을 자제하는 데 도움을 주고 스스로 통제력이나 책임감을 가지고 생활할 수 있게 도와줍니다. 3구역의 일들은 스스로 중요한 일들이라 생각하며 하는 경우들이 많아 이 일들을 챙기느라 아이들은 늘 바쁩니다. 4구역은 대개 즐거움을 추구하는 일들인데 시간을 낭비하도록 만드는 것들 입니다. 다른 구역의 활동

시간관리 매트릭스란?

중요도와 긴급함의 정도에 따라 평소에 보내는 시간을 적어보고 어떻게 시간을 사용하고 있는지 돌아볼 수 있게 해줍니다.

	하는 활동	걸리는 시간	총 시간/비율(%)		하는 활동	걸리는 시간	총 시간/비율(%)
1구역	시험 공부	1시간	/	2구역	독서	30분	/
	학교 숙제	1시간			운동	10분	
	수행평가 준비	X			학교 수업	5시간	
					영어학원	1시간	
3구역	SNS	20분	/	4구역	게임	1시간	/
					유튜브	1시간	
생활 필수 시간	수면						8시간 /
	식사시간						3시간 /
	씻기 및 청소하기						1시간 /

시간관리 매트릭스 예시

들에 대한 기회를 빼앗으므로 최대한 시간을 사용하지 않도록 하는 것이 좋겠지요.

3구역이나 4구역의 활동들이 아이의 시간과 에너지를 잡아먹는 하마입니다. 1구역과 2구역의 활동보다 3구역이나 4구역에 위치한

활동을 주로 한다면 아이는 필요하지 않은 일들에 많은 시간을 낭비하고 있기 때문에 변화가 필요합니다. 그리고 1구역의 활동이 많은 경우에 열심히 살고 있는 것처럼 보입니다. 하지만 목적 없이 그저 바쁘고 지치는 일들일 수 있습니다. 장기적인 목표나 꿈을 위해서는 2구역의 활동이 뒷받침되어야 합니다.

2단계는 시간을 잡아먹는 하마들을 없애고 꿈을 위해 실질적인 행동을 알아볼 차례입니다. 우선 목표를 위해 아이가 해야 할 일들을 스스로 적어보게 합니다. 아이가 머릿속의 생각이 막연하거나 답답하다면 생각 정리 도구인 만다라트나 마인드맵을 이용하는 것도 좋은 방법입니다.

3단계는 여기서 중요한 것은 틈새루틴 플래너를 활용하여 아이가 지금 하고 있는 일들이 꿈을 위해 하는 일인지 항상 체크하는 것입니다. 아이가 친구의 부탁을 거절하지 못하고 카톡을 계속하거나 게임을 하고 있다면 아이에게 잔소리나 꾸중보다는 시간관리 매트릭스를 슬쩍 건네줍니다. 아이는 꿈을 이루기 위한 시간관리 매트릭스를 보면서 자신의 할 일을 스스로 평가하여 행동의 변화가 일어납니다. 즉각적인 행동의 변화가 일어나지 않더라도 '지금 시간을 낭비하고 있구나'를 느끼게 됩니다. 이것은 자신의 할 일들을 우선순

 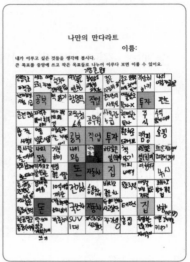

만다라트나 예시

위로 생각해보는 과정입니다. 즉, 한 일들을 틈새루틴플래너로 관리
하는 것입니다. 매일의 과정들은 꿈을 이루고 성공적인 하루를 만드
는 데 큰 역할을 합니다.

아이들이 생활을 바꿔나감에 있어서 전략이나 계획 없이 목표를 이루는 데는 더 많은 에너지가 필요합니다. 자신의 꿈과 목표를 위해 체계적으로 할 일들을 계획하고 그 계획을 하나씩 실행해나갈 수 있는 틈새루틴플래너 활용은 아이의 자존감, 긍정적인 태도, 책임감, 시간관리 능력을 높일 수 있습니다.

· 9장 ·

하루 5분,
틈새루틴이 이기는
습관이 된다

실패한다면 더 작게

아침에 일어나서 하는 루틴들이 버겁게 느껴질 때가 있습니다. 아침에 일어나는 것조차 힘든데 어떻게 이불을 정리하고, 목표를 세울 수 있을까요? 힘들면 누구나 중간에 포기하고 싶은 마음이 듭니다. 무엇보다 이런 루틴의 성과는 하루아침에 극적인 변화를 보이지 않기 때문입니다.

아이가 포기하려 할 때는 루틴들을 더 작게 만들어봅니다. 아이가 할 수 있다는 마음이 들 정도로 말입니다. 아침 루틴이 힘들다면 일어나자마자 베개를 탁 치는 것 정도는 할 수 있습니다. 아침에 일어나서 베개를 쳐서 먼지를 날리는 일을 하다 보면 아이 스스로 이부자리를 정리하는 날이 오게 됩니다.

하루에 5분 키워드 독서가 어렵다면 자리에 앉아서 책을 펴보는 것으로 시작해보는 것입니다. 줄넘기 루틴을 시작하기 어렵다면 줄넘기를 가지고 나가는 것으로 시작합니다. 어른들도 운동을 하기 위해 운동화를 신고 나가는 것이 어렵지 현관을 나왔다면 무엇이라도 시작하게 되니까요.

아이가 느끼는 시작에 대한 부담감을 줄여준다면 뭐든 시작할 수 있습니다. 이 책에 나오는 틈새루틴 중 적합한 하나의 루틴으로 시작해도 됩니다. 꾸준히 지켜가야 할 루틴이 생겼다는 것만으로도 나머지 루틴을 성공할 수 있는 확률은 0에서 50으로 올라가기 때문입니다.

작은 성공의 힘

학교와 집에서 아이들에게 좋다는 이런저런 습관을 만들기 위해서 다양한 노력을 하고 있습니다. 가정에서 부모가 가장 많이 하는 실수가 있습니다. 책 읽는 습관을 만들어주기 위해서 거금을 들여 집에 전집을 들여놓고, 공부 습관을 위해 두꺼운 문제집을 여러 권 사오는 것이지요. 아이는 이걸 보면 자기도 모르게 마음의 짐이 생깁니다. '저것은 나의 것이고 내가 읽어야 할 책들과 내가 공부해야 할 문제집이구나' 하면서 시작도 전에 마음이 답답해집니다. '나보고 어떻게 저걸 다 풀라고.'

교실에서도 학생들에게 문제집 한 권을 주면 가지각색의 아이들의 반응이 나옵니다. 처음에 호기롭게 열 장 스무 장씩 풀다가 포기하는 아이, 풀라고 쫓아다녀도 안 풀어오는 아이, 집에 가서 풀어오겠다며 공부방 선생님과 풀어오는 아이 등 다양한 유형이 있습니다. 이렇다 보니 선생님도 지쳐 그 문제집은 어느 순간 사물함에 처박혀 학기 말에 사물함 청소를 할 때서야 나오곤 합니다.

하지만 이 와중에 성공하는 아이들이 있습니다. 바로 평소에도 매일 문제집을 풀어왔던 아이들입니다. 문제집 한 권을 꾸준히 풀었던 경험이 있고, 자신만의 루틴이 있기 때문에 자신이 어떻게 이 문제집을 다 풀 수 있는지 전략을 가지고 있습니다. 그리고 무엇보다 문제집 한 권을 풀었던 성취의 경험과 자신감이 있습니다. 그 아이들은 문제집 한 권이 난공불락의 두려운 대상이 아니고 조금씩 매일 풀면 끝이 보인다는 것을 알고 있습니다.

그래서 한 권의 문제집을 꾸준히 풀었던 경험이 없는 아이들에게는 하루에 풀 수 있는 분량을 안내해주었습니다. 그냥 줬을 때는 손도 대지 못했던 아이들이 하루에 할 수 있을 만큼 나눠줬을 뿐인데 모두 시도하고 풀어오는 것이었습니다. 이렇게 공부는 하루에 몰아서 많은 양을 하는 것보다 적은 양이라도 꾸준히 하는 것이 훨씬 중요합니다.

매일 꾸준히 3문제를 풀었다면 3문제를 풀 수 있는 근육이 생깁니다. 그 근육들을 조금씩 늘려 4문제를 풀 수 있는 근육으로 만드는 것입니다. 이렇게 근육을 천천히 늘려나가면 아이는 한 시간에 시험지 한 장 정도는 거뜬히 풀 수 있게 됩니다.

어떻게 하면 쉬는 시간에도 책을 읽을 수 있게 할 수 있을까 다양한 시도를 했습니다. 가장 효과적인 방법은 수업을 마치기 2~3분 전에 독서시간을 주고 책을 펼치게 하는 것입니다. 이렇게 펼쳐진 책으로 쉬는 시간이 되어도 책을 읽고 있는 아이들이 있습니다. 평소 같으면 쉬는 시간이 되자마자 놀기 바빴을 텐데 책을 펼친 것만으로도 독서를 하는 모습을 볼 수 있었지요. 시작은 어렵지만 시작하는 컨베이어벨트에 올라서기만 한다면 다음은 자연스럽게 이어지기도 합니다.

줄넘기 루틴은 체육수업을 하기 전 준비운동으로 '5분 동안 기본 줄넘기 200회 + 양발 번갈아 뛰기 100회'는 꼭 하는 활동입니다. 처음엔 기본 줄넘기 200회도 어려워해서 제대로 할 수 있는 아이가 1~2명 정도였습니다. 그래서 줄넘기로 줄을 넘는 것부터 시작해서 50회, 100회로 점진적으로 늘려갔더니 한 학기가 되자 모든 기본 줄넘기와 양발 번갈아 뛰기를 자유자재로 하게 되었습니다. 저학년이든 고학년이든 똑같은 결과를 얻었습니다. 꾸준히 하는 것만으로도 모든 아이들은 성장합니다.

일단 시작하는 것이 중요하다

관성의 법칙은 루틴에서도 적용됩니다. 일단 시작하는 것이 중요합니다. 시작을 위해서 부담 없이 편하게 시작해야 합니다. 소개한 루틴들도 교실에서 아이들이 부담을 갖지 않도록 작게 만들어 시도했습니다. 그럼에도 저학년이거나 계획적인 생활을 하지 않았던 아이들에게는 다소 어렵게 느껴질 수 있습니다. 영어 공부를 위해 할 수 있는 작은 루틴을 만들어보는 아이와의 대화를 예로 들어보겠습니다.

"영어를 잘하기 위해서 할 수 있는 방법은 무엇이 있을까?"
"영어 공부를 열심히 해야 해요."

영어 공부를 열심히 해야 되는 건 알지만 아이가 어떻게 공부해야 하는지 구체적인 방법을 떠올리지는 못합니다.

"영어 공부는 무엇을 해야 할까?"
"영어로 된 문장을 외워야 해요."

"영어로 된 문장보다 더 쉬운 것 없을까?"
"영어 단어를 외우는 거예요."

영어 단어를 외우는 것으로 구체적인 방법은 생각해냈지만 아이가 부담 없이 해낼 수 있을 만큼 더 작게 만들어야 합니다.

"하루에 영어 단어를 몇 개씩 외울 수 있을까?"
"하루에 1개씩은 외울 수 있어요."

하루에 영어 단어 1개를 외우는 것은 아이도 부담감을 느끼지 않을 만큼 작은 루틴입니다. 이렇게 만든 작은 루틴이 모이면 외운 영어 단어 100개가 되고 1,000개가 되어 영어 공부 실력과 영어에 대한 자신감의 원천이 됩니다.

작은 시도와 성취로도 인생을 뒤바꾸는 용기와 자신감을 얻을 수 있습니다. 100을 할 수 있는 것도 처음의 1이 있었기 때문입니다. 처음부터 완벽하게 100을 하는 아이는 없습니다. 100을 하고 싶다면 1부터 시작해야 합니다. 그 1이 크다면 1을 나누어 0.1부터 시작하면 됩니다. 0.1을 만들어 본 경험과 성취감이 1을 만들어내고 100도 만들어냅니다.

칭찬에너지 한 스푼으로 의욕 높이기

아이와 루틴을 실천하다 보면 화가 나고 잔소리만 늘어날 수 있습니다. 괜찮습니다. 처음부터 쉬운 게 어디 있을까요? 시작하기로 마음을 먹었으니 부모도 연습이 필요합니다. 부모님들은 아이를 인정하고 칭찬하는 법을 이미 너무 잘 알고 있습니다. 아이가 태어났을 때 똥만 싸도 "우리 애기 똥 쌌어요?"라며 칭찬을 했고, 혼자 아장아장 걷게 되었을 때 물개 박수를 치며 아이를 안아줬던 경험이 있을 것입니다.

아이가 크면서부터 아이가 하는 모든 행동이 당연하게 받아들여

지기 시작합니다. 초등학생이 되면 당연히 스스로 신발을 신고, 스스로 양치를 하고, 학교에서 생활하는 것들이 당연하다고 말입니다. 그래서 당연히 하는 것을 칭찬하기보다는 부족한 것을 지적할 때가 더 많아집니다. '똑바로 앉아라, 빨리 먹어라, 하지 마라' 등 아이의 부족한 행동은 하나하나 짚고 넘어갑니다. 물론 다 아이 잘되라고 하는 말입니다.

하지만 진짜로 아이에게 도움이 되는 말인지는 한번 생각해봅시다. 아이를 진정으로 춤추게 하는 것은 잔소리보다는 칭찬입니다. 시험에서 80점을 맞으면 부족한 2개에 초점을 맞추어 '2개는 왜 틀렸어?'보다는 8개 맞은 것을 칭찬해주는 것이 아이의 의욕을 훨씬 더 키워줍니다. 아침에 일어나면 정신없이 하루를 보낼 아이에게 '빨리 양치해라' 같이 다그치기보다는 행복한 하루를 보낼 수 있도록 '좋은 아침'이라며 기분 좋은 스킨십이 낫습니다. 그리고 공부하랴, 아이들과 관계맺으랴 아이는 학교에서 정말 수고가 많습니다. 학교갔다 왔을 때 아이를 담뿍 안아주며 오늘 하루 수고했다고 칭찬해주세요. 이런 사소한 칭찬들이 아이를 춤추게 하니까요.

루틴을 만들 때도 부족함을 훈육하는 말보다는 과정을 칭찬해야 합니다. 아이를 처음 키운다는 생각으로 아이가 아침에 일어나 이부자리를 똑바로 정리하지 못해도 했다는 것에 의의를 두며 '이부자리를 정리하다니 너무 잘했다, 훌륭하구나!' 등의 칭찬을 하는 것입니다. 칭찬하는 데도 에너지가 필요하다는 것을 압니다. 하지만 부모님의 작은 칭찬에너지 한 스푼으로 아이가 행복한 하루를 보낼 수 있다면 얼마든지 해줄 수 있지 않을까요.

칭찬받는 경험을 더하기

그리고 아이가 엄마의 뜻대로 행동하지 않는다고 해서 '하지 마, 안 돼, 이거 해'라는 말은 최대한 줄이도록 합니다. 아이를 위한 말이기는 하지만 지시하는 말만 듣게 되면 아이는 의기소침해져 자기주도성과 자존감이 낮아질 수 있습니다. 지시하는 말이 필요하다면 칭찬과 함께 아이의 마음을 다독여주어야 합니다. 아이가 숙제를 미처 다 하지 못했더라도 조금이라도 노력한 부분에 초점을 맞추어 '힘들었을 텐데 이만큼 풀어보려고 노력했구나. 고생했어. 남은 부분 조금만 더 풀어볼까?'라고 말해주는 것이 좋습니다. 아이는 '요만큼만 했는데도 엄마가 칭찬해주네. 다음에는 더 적게 해야지'라고 생각하지 않습니다. 칭찬받으니 기분이 좋고 더 할 수 있는데 하지 않아서 엄마에게 미안한 마음이 들면서 '다음에는 더 열심히 해야지'라는 동력이 생깁니다.

고학년이 되면 겉모습은 다 큰 청소년 같지만 여전히 부모의 관심이 필요한 나이입니다. 그래서 초등학생 때까지는 칭찬스티커가 통합니다. 6학년 아이들도 칭찬스티커 하나가 소중한 드래곤볼이라도 되는 듯 그 하나를 얻기 위해 정말 열심히 노력합니다. 교실 청소도 열심히 하고, 자신이 맡은 1인 1역도 최선을 다합니다. '매일 해야 하는 일에 칭찬하면 버릇 나빠지는 거 아니야?'라고 생각할 필요는 없습니다. 아직은 아이이고 칭찬받는 경험이 더 중요한 나이입니다.

집에서도 루틴을 만들기 위해 칭찬스티커를 사용하면 좋습니다. 루틴을 성공할 때마다 칭찬스티커를 모으면 성취욕을 높일 수 있기 때문입니다. 거기에 하나 더 얹으면 보상을 해주는 것입니다. 아이와 함께 목표를 정해서 그 목표를 성실히 수행했을 때 아이가 원하는 보상을 거는 것입니다. 아이가 보상 때문에 한다고 걱정할 필요는 없습니다. 어떤 것도 안 하는 것보다는 낫습니다. 하루에 아침 루틴을 성공할 때마다 스티커나 스탬프를 찍어 챌린지에 도전하는 것도 좋은 방법입니다.

아이가 스마트폰을 사용하는 것에 익숙하다면 다양한 앱을 사용하는 것도 좋습니다. 요즘은 성장을 위한 자기계발과 꾸준히 목표 달성을 위해 꾸준히 관리해주는 앱이 많습니다. 그중에서도 개인 성장 관리 앱 '그로우'와 참가비를 걸고 하는 '챌린저스' 등으로 목표에 이르는 과정을 남기고 상호작용도 할 수 있어 꾸준하게 실천하도록 독려할 수 있습니다. 하루에 루틴을 체크할 시간이 없는 부모와 아이라면 루틴을 유지하는 데 적극 활용해봅시다.

아이만의 스토리가 되는 인증샷

필름카메라로 한 장을 소중하게 찍어 사진을 인화해 앨범에 꽂아 두며 들춰보는 아이가 있습니다. 또 스마트폰으로 여러 장 사진을 찍어 SNS에 올리는 아이가 있습니다. 두 아이의 생활이 같아야 할 까요? 우리 아이들은 유아기 때부터 디지털 환경에서 자란 Z세대입 니다. 1990년대 중반에서 2010년 초반에 태어난 Z세대들은 스마트 폰을 가지고 다니는 것이 당연한 시대에 살고 있습니다. 그래서 디 지털 원주민, 포노사피엔스 등 디지털과 떼려야 뗄 수 없는 이름으 로 불리기도 합니다.

Z세대는 부모가 시키는 것보다 자신이 좋아하고 잘할 수 있는 것에 더 집중합니다. 그동안은 정보를 책이나 백과사전을 뒤져봤다면 Z세대들은 자신이 좋아하는 유튜버나 팔로우하는 인스타그램 친구가 제공하는 정보로 지식을 습득하고 있습니다.

그리고 결과보다는 과정에서의 즐거움을 성공보다 노력하고 있는 자체를 더 중요하게 여깁니다. 무언가를 진득하니 실천하고 결과를 나오기를 기다리기엔 세상이 너무 빨리 변합니다. 어떤 행위를 했을 때 행위 자체가 즐겁고 또 즉각적인 반응을 원합니다. 여행을 하거나 맛있는 요리를 먹을 때 인증샷을 찍어 자신의 SNS에 올려 다른 친구들과 공유하며 수많은 좋아요와 댓글을 주고 받습니다.

기록은 아이에게 익숙한 방식으로

Z세대의 아이들에게는 어렵고 거창한 목표보다 소소하지만 확실한 목표를 실천하는 것으로 해야 합니다. 실천하는 과정을 인증샷으로 SNS나 블로그에 남겨 자신의 성장을 기록하는 것입니다. 이런 기록들은 성취감을 느끼게 하고 다른 사람들의 응원과 댓글 등으로 자극받아 꾸준하게 실천하게 됩니다.

디지털 세상에 남겨진 인증샷은 아이만의 스토리가 됩니다. 사진과 함께 올라간 아이의 실천 인증은 목표를 위해 어떤 노력을 했는지 보여줍니다. 인증샷은 아이만의 스토리를 만들어주고 누구나 인정할 수 있는 결과가 됩니다. 어렸을 때부터 아이가 어떤 목표를 가지고 어떤 실천을 했는지를 남겨두면 아이가 커서 자신의 진로를 정할 때도 도움이 됩니다.

그리고 요즘은 자신이 어떤 사람인지 브랜딩하는 것도 굉장히 중요한 요소가 됩니다. SNS에 사람들이 열광하는 이유도 자신이 올린 사진으로 자신을 브랜딩한다고 믿기 때문입니다. 브랜딩으로 또 다른 나를 만들어내는 것입니다. 매일 책을 읽는 인증샷을 올리거나 매일 아침 일찍 일어나는 인증샷을 올리면서 아이는 매일 책을 읽거나 아침 일찍 일어나는 아이로 브랜딩됩니다. 일종의 부캐놀이입니다. 아이가 살고 있는 또 다른 SNS세상에서의 자아가 되는 것입니다.

요즘은 거창한 이야기보다 진실성 있는 작은 실천에 더 귀를 기울이고 자신의 것을 드러낼수록 영향력이 커지는 세상에서 살고 있습니다. 매일 실천하는 인증샷으로 만들어진 스토리는 '나다움, 자신만의 이야기'의 콘텐츠가 되어 세상과 연결됩니다. 코로나19로 서로 대면하기 어려운 상황에서 각자의 자리에서 하고 있는 일들을 공유하고 응원해주는 일상에서의 소소한 성취감은 아이들에게 활력을 주고 동기를 부여해줍니다. 나만의 스토리로 세상과 연결하면 스토리를 지속해야 하는 이유가 만들어지는 것입니다. 그리고 아이의 스토리를 이어가면 세상으로 더 큰 영향력을 가지게 됩니다. 스스로 '나'라는 콘텐츠를 만들어내는 것이지요.

어렸을 때부터 자신만의 스토리를 생산하는 콘텐츠 생산자로서의 삶을 살아보게 하는 것은 디지털 세상을 살아갈 아이에게 좋은 경험이 됩니다. AI시대, 디지털 세상을 대비하는 것에 있어서 그 속에 들어가보는 것만큼 좋은 연습은 없습니다. 그저 게임만 하고 스마트폰을 쳐다보는 것이 아니라 지금 방식의 세상을 이해하고 적극적으로 활용할 때 더 행복하고 만족스러운 삶을 살 수 있습니다.

최고의 자극제는 부모의 관심

엄마의 에너지는 한정되어 있고 그 에너지를 아이의 일상에만 쏟을 수는 없습니다. 옆에서 잔소리하지 않아도 스스로 알아서 할 수 있으면 얼마나 좋을까 하고 생각합니다. 엄마도 아이도 힘들지 않고 서로를 일상을 지키기 위해서는 아이의 에너지로 스스로의 일상이 되도록 해야 합니다. 처음은 막연하고 힘들어 엄마가 해주는 게 낫다 싶어도 엄마와 아이 모두를 위해서 각자의 일상을 돌리는 연습이 필요합니다.

틈새루틴 아이의 평생을 바꾼다

초등학생은 많은 것을 연습하는 시기입니다. 정해진 시간과 규칙에 따르기도 하고 책을 읽고 공부를 하며 생각하는 힘을 키우기도 합니다. 매일 작은 루틴들로 조금씩 실천할 수 있도록 만들어주는 것이 중요합니다. 조금씩 실천하게 되면 아이는 스스로 페달을 밟으면 자신의 일상을 지속해나갈 것입니다. 자신의 일상을 자신의 힘으로 지속해나가는 경험은, 아침부터 잔소리와 한숨으로 시작하던 아이가 자신감으로 가득 찬 스스로 하는 아이로 변하는 기적이 시작됩니다.

루틴을 만드는 원리는 매일 꾸준한 운동으로 근육을 만드는 것과 같습니다. 운동할 때 개인 트레이너가 옆에서 칭찬해주고 운동량을 체크하면서 '한 개만 더, 조금만 더 할 수 있어요'라는 응원을 해주면 생산성이 올라가듯이 루틴을 만들 때도 옆에서 칭찬해주고 루틴을 체크하며 '잘하고 있어.'라는 관심을 주면 루틴을 만드는 데 성공할 수 있습니다. 다시 한번 말하지만 이렇게 만들어진 루틴 근육은 아이 스스로 행복하고 성공적인 하루를 만드는 힘이 됩니다.

아이는 엄마의 한 마디로 울고 웃습니다. 세상의 우주인 부모님이 자신 때문에 기뻐하는 모습을 보면 의욕이 샘솟습니다. 아이들은 부모님을 기쁘게 해줄 생각에 벌써부터 마음이 벅차오릅니다. 이런 부모님의 관심을 아이의 루틴에 부어준다면 아이는 최선을 다해 노력할 것입니다. 부모님과 아이를 행복하게 해줄 '하루 5분 틈새루틴'을 실천해보길 바랍니다.

부록)

우리 아이의 하루를 바꾸는 틈새루틴 템플릿

<우리 아이의 하루를 바꾸는 틈새루틴 템플릿>은 빌리버튼 네이버 포스트(https://post.naver.com/billy_button)에 PDF 파일로 올려놓았습니다. 다운받으셔서 아이와 함께 루틴을 만들어보세요.

◆ 틈새루틴 100% 활용법: 타임트래커 ◆

☑ **타임트래커란?**
하루동안 한 일을 적는 기록을 말합니다. 매시간 어떤 일을 했는지 구체적으로 기록하여 나의 한 일을 점검하면서 낭비하는 시간을 체크하고 잘한 점과 개선할 점을 피드백합니다.

시간	분						한 일
	10	20	30	40	50	60	
00							
01							
02							
03							
04							
05							
06							
07							
08							
09							
10							
11							
12							
13							
14							
15							
16							
17							
18							
19							
20							
21							
22							
23							
24							

☑ 잘한 점

☑ 개선할 점

◆ 틈새루틴 100% 활용법: 비전보드 ◆

☑ **비전보드란?**
사진이나 이미지를 이용해서 자신의 꿈이나 시각화하는 도구입니다. 이루고 싶은 일, 가지고 싶은 것, 롤모델 등을 이미지나 단어를 사용해서 만들어 목표를 되새기게 해 꿈을 이루는 데 도움을 줍니다.

◆ 틈새루틴 100% 활용법: 아침 루틴 챌린지 ◆

> ☑ 아침 루틴 챌린지란?
> 아이가 아침에 일어나서 해야 할 일을 적고 매일 하고 난 후에 체크합니다. 스티커를 붙이거나 도장을 찍어도 좋습니다. 하나의 목표가 루틴이 되면 다른 것을 추가할 수 있습니다.

나의 목표:

해야 할 일	월	화	수	목	금	토	일

◆ 틈새루틴 100% 활용법: 키워드 독서 노트 ◆

☑ 키워드 독서란?
아이가 책을 읽고 머릿속에 남아있는 키워드를 선택하고 키워드를 넣은 나만의 문장을 적어보는 독서법입니다.

날짜	쪽수	키워드	문장 만들기	확인

◆ 틈새루틴 100% 활용법: 한 문장 쓰기 ◆

☑ 한 문장 쓰기란?
오늘 공부한 내용 중 중요하다고 생각하는 내용을 한 문장으로 나타내봅니다.

날짜:　　년　월　일

수업시간	과목	한 문장 쓰기
1교시		
2교시		
3교시		
4교시		
5교시		
6교시		

◆ 틈새루틴 100% 활용법: 틈새루틴 플래너 ◆

> ☑ **틈새루틴 플래너란?**
> 아이가 하루를 스스로 계획하고 실행할 수 있도록 도와주고 자기주도력을 키울 수 있게 해
> 줍니다.

순	틈새루틴	할 일	체크
1			☐
			☐
			☐
			☐
			☐
2			☐
3			☐
4			☐
5			☐
			☐
6			☐
			☐
			☐
하루 체크			/

◆ 틈새루틴 100% 활용법: 만다라트 ◆

☑ **만다라트란?**
하나의 큰 목표를 이루기 위해 필요한 8개의 작은 목표를 적은 후, 그 8개의 작은 목표를 위해 어떠한 노력을 해야 하는지 세부적으로 적어보는 생각 정리 도구입니다.

나만의 만다라트

이름:

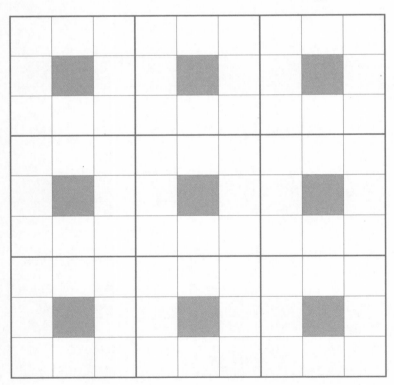

초등 아이,
어떻게 잡아줘야
할까?

공부, 자존감, 사회성을 키우는 기적의 8가지 루틴 활용법

초등 아이, 어떻게 잡아줘야 할까?

초판 1쇄 발행 2021년 12월 27일

지은이 조현아

책임편집 이가영
디자인 Aleph design

펴낸이 최현준·김소영
펴낸곳 빌리버튼
출판등록 제 2016-000166호
주소 서울시 마포구 월드컵로 10길 28, 202호
전화 02-338-9271 | **팩스** 02-338-9272
메일 contents@billybutton.co.kr

ISBN 979-11-91228-73-1 03370
ⓒ 조현아, 2021, Printed in Korea